Marlies Näf-Hofmann, Andreas Näf

Palliative Care – Ethik und Recht

T0126771

T V Z

Marlies Näf-Hofmann
Andreas Näf

Palliative Care – Ethik und Recht

Eine Orientierung

EDITION **N Z N**

BEI **T V Z**

Theologischer Verlag Zürich

Bibliografische Information der Deutschen Nationalbibliothek
Die Deutsche Nationalbibliothek verzeichnet diese Publikation in der Deutschen Nationalbibliografie; detaillierte bibliografische Daten sind im Internet
über http://dnb.d-nb.de abrufbar.

Umschlaggestaltung: Simone Ackermann, Zürich
Satz und Layout: Claudia Wild, Konstanz
Druck: ROSCH-BUCH GmbH, Scheßlitz

ISBN: 978-3-290-20069-5

© 2011 Theologischer Verlag Zürich
www.tvz-verlag.ch

Ich rede nicht davon, dass ich Leben retten kann. Sterben müssen wir alle, dass ich die Qual nehmen kann, das ist es, was ich als grosse, immer neue Gnade empfinde. Der Schmerz ist ein furchtbarerer Herr als der Tod. *(Albert Schweitzer)*

Für unseren verstorbenen Ehemann und Vater, den ausgezeichneten Juristen und Dozenten Dr. Heinz Näf-Hofmann, in nie endender Liebe.

Es macht schutzbedürftige Menschen so verletzlich, dass sie glauben, sie wären eine Last für die anderen. Die Antwort ist eine bessere Betreuung der Sterbenden, um sie zu überzeugen, dass sie immer noch ein wichtiger Teil unserer Gesellschaft sind.

Cicely Saunders

... und dass die Stärke des Volkes sich misst am Wohl der Schwachen ...

aus der Präambel zur Bundesverfassung
der Schweizerischen Eidgenossenschaft vom 1.1.2000

Zum Geleit

Mit «endlich» muss kurz und knapp, aber befreiend beschrieben werden, was in jüngster Zeit für unheilbar Schwerstkranke und Sterbende vermehrt angeboten wird. Es ist an der Zeit, für unsere immer älter und zahlenmässig mehr werdenden Seniorinnen und Senioren bedürfnisgerechte Unterstützung und Betreuung anzubieten. Dazu gehört auch eine umfassende Palliative Care, die einer grossen Anzahl von Seniorinnen und Senioren zugute kommt.

Nur zu gerne schreibe ich als politischer Weggefährte und Freund der Autorin und des Autors deshalb dieses einleitende Wort. Zeigen doch die beiden Autoren ein überzeugendes Verständnis von Lebensqualität, Menschenwürde und Sterben auf. Dieses Buch zu lesen ist in letzter Konsequenz eine Auseinandersetzung mit dem eigenen Leben und Sterben.

Nicht genügend kann Frau Dr. Marlies Näf-Hofmann, Kantonsrätin und Juristin aus Arbon, für ihren unermüdlichen Einsatz für ältere und hilfsbedürftige Mitmenschen gedankt werden. Die Ausführungen zu Palliative Care, Passiver Sterbehilfe und Patientenverfügung sind für Fachleute wie Patienten und deren Angehörige gleichermassen ein moralischer Wegweiser sowie ein praktischer Ratgeber. Der politische Erfolg, den die Autorin dank ihres zielstrebigen, beharrlichen Handelns insbesondere im Kanton Thurgau erfahren durfte, motivierte und berechtigt sie, diese Orientierung zu schreiben. Selbstbestimmung, Wertschätzung und Akzeptanz sind ihre steten Richtungsweiser. Wie befreiend und bestätigend muss es deshalb nicht nur auf sie gewirkt haben, wenn noch zu Beginn ihres politischen Prozesses besorgt gefragt werden musste: «Wann hält Palliative Care endlich Einzug in unserem Kanton?», und dann – eine zeit- und unterschriftenaufwändige Volksinitiative später – die Regierung eingesteht: «Jetzt ist Palliative Care auch da, Palliative Care entspricht einem grossen menschlichen Bedürfnis.» «Danke, Marlies.»

Alt und krank werden ist kein Makel

Eine hochentwickelte Gesellschaft mit sensiblen Moralvorstellungen darf es nicht dem Zufall überlassen, wie menschliche Bedürfnisse zu verstehen und anzugehen sind. Menschen mit unheilbaren, lebensbedrohlichen oder chronisch fortschreitenden Krankheiten sowie deren privates Umfeld sind auf eindeutige Normen und brauchbare Vollzugsangebote angewiesen. Auch weil Selbstbestimmung und Durchsetzung bei derart Erkrankten erfahrungsgemäss merklich nachlassen und gesellschaftliche Moralvorstellungen sehr unterschiedlich ausfallen können. Die beiden Autoren räumen Palliative Care den richtigen Stellenwert ein: Sie geben den Betroffenen Zuversicht. Ihre Aufforderung an die politischen, medizinischen, kirchlichen oder gemeinnützigen Verantwortlichen, miteinander ein umfassendes Angebot bereitzustellen, ist mehr als gerechtfertigt. Der Kanton Thurgau hat zu Recht erkannt, dass es angesichts des Fehlens bundesrechtlicher Regelungen gilt, Abhilfe zu schaffen. Dem Appell der beiden Autoren an die anderen Kantone und an den Bund, gesetzgeberisch in den Bereichen Palliative Care und passive Sterbehilfe tätig zu werden, schliesse ich mich vollumfänglich an.

Die Spital Thurgau AG hat auf eindrückliche Weise rasch und unkompliziert umgesetzt, was in einem mehrjährigen Rechtssetzungsverfahren kantonal legiferiert wurde. Die Palliativ-Station im Kantonsspital Münsterlingen darf heute als Ideallösung angepriesen werden. Die Rückmeldungen sind schon während der Anfangsphase und nach kurzem Bestehen überwältigend. Wenn betroffene Angehörige das Sterben eines Familienmitglieds ohne Schuldgefühle, ohne familiäre und emotionale Überwerfungen, ohne Verhaltensüberforderungen begleiten, gar mittragen können, sind das Rückmeldungen, die nicht nur zuversichtlich stimmen, sondern Ängste und Missverständnisse abbauen und Platz für die Trauer und die nötige Aufarbeitung schaffen.

Wenn eine 90-jährige Frau – auf ihr agiles und frisches Äusseres angesprochen – antwortet: «Ja, das sagen alle, aber keiner sieht, wie es in meinem Innern aussieht, niemand merkt, wie schwach und unsicher, vor allem alleine ich mich fühle, dass ich nicht mehr leben will», dann ist unsere Gesellschaft, das Umfeld dieser Frau, offensichtlich überfordert oder ihr gegenüber gleichgültig. Hier muss und kann Palliative Care in ihrer einfühlsamen Art vermitteln und begleiten. Palliative Care heisst vor allem verstehen. Nicht verstehen, was wir sehen wollen, sondern verstehen, wie es um das Be- und Empfinden steht. Wer voller Energie und Tatendrang im (Berufs-) Leben steht, will es kaum begreifen, was Sterben, Loslassen müssen oder das Aufgeben von Lebensgewohnheiten bedeutet. Genau hier wird Palliative Care versuchen, das nötige Verständnis zwischen den Beteiligten herzustellen. Als logische Ergänzung zu Palliativstationen sind jedoch auch noch Sterbehospize bereitzustellen. Auch hier bestehen unterschiedliche Regelungen und Vorstellungen in den einzelnen Kantonen.

Die Autorin und der Autor führen die Auswirkungen unserer heutigen Gesellschaft für Kranke und Sterbende vor Augen – im Sinne einer Bestandsaufnahme und Lösungsorientierung. Wenn Sterbende und unheilbare Kranke keinen Platz mehr in unserem hektischen Ablauf finden, ist es höchste Zeit, sich mit diesem Buch auseinanderzusetzen.

Als Kantonsrat ist es mir ein Anliegen, im Sinne dieses Buches das gesellschaftliche Verständnis zu fördern und das nötige Fachangebot zu fordern: Nicht nur an theoretischen Wertediskussionen teilnehmen, sondern Bedürfnisse erkennen und Angebote schaffen!

Der eigene Wille

Nebst dem Hauptthema «Palliative Care» wird im Buch auf weitere Neuerungen eingegangen: Die neuen Artikel 370 ff. des revidierten ZGB über den Erwachsenenschutz regeln erstmals schweizweit die Patientenverfügung. Damit wird ein subjektives Mittel rechtens, mit dem jeder für sich selbst vorgeben kann, was im konkreten Fall bei seiner Urteilsunfähigkeit medizinisch zwingend zu tun oder zu unterlassen ist. Hier bestimmt die betroffene Person innerhalb der rechtlichen und medizinischen Spannbreite abschliessend für später. Das heisst aber auch, dass die eigenen Vorstellungen immer wieder auf die realen medizinischen Möglichkeiten abgestimmt werden müssen. Die Autoren befassen sich auch hier treffend und effektiv mit den vorhandenen Freiräumen, aber auch mit den (zeitlichen) Grenzen solch persönlicher Bestimmungsrechte.

Passive Sterbehilfe regelt den Handlungsspielraum, besser gesagt: den Grenzbereich, den medizinische Fachpersonen bei ihren Handlungen an Patienten einzuhalten haben. Im Gegensatz zur Patientenverfügung sind bei der passiven Sterbehilfe die Anwendungs- und Unterlassungsmöglichkeiten von Dritten eingeschränkt, da der Wille der betroffenen Person nicht bekannt ist und auch nicht mehr festgestellt werden kann. Wer mehr oder weniger medizinische und therapeutische Behandlungen haben will, hat das vorher festzuhalten. Fehlen Vorgaben, hat die Fachperson nach ihrer Moralvorstellung aufgrund von Diagnosen zu entscheiden. Andererseits versteht sich Passive Sterbehilfe als Rechtsschutz für Vollzugsbeauftragte, indem die Abgrenzung zur aktiven Sterbehilfe rechtlich definiert ist.

Das gesamte Buch ist eine mutige und kreative Auseinandersetzung mit den Grundwerten von Selbstbestimmung, Wertschätzung und Akzeptanz.

Arbon, März 2011
Luzi Schmid, Notar und Kantonsrat, Arbon

Inhaltsverzeichnis

Zweiter Teil

Dritter Teil

Einleitung

Teil 1 des vorliegenden Buchs stellt das Thema Palliative Care in den Mittelpunkt.

Die fachgerechte Anwendung von Palliative Care, die medizinische Behandlung, pflegerische Interventionen sowie soziale, seelisch-geistige und religiös-spirituelle Unterstützung umfasst, ermöglicht den Menschen, die an einer unheilbaren, lebensbedrohlichen und chronisch fortschreitenden Krankheit leiden, eine möglichst gute Lebensqualität bis zum Tode, lindert ihre Leiden optimal und verschafft ihnen ein Sterben in Würde.

Es gibt verschiedene Definitionen von Palliative Care; die in der Schweiz am häufigsten angewendeten sind diejenigen der Weltgesundheitsorganisation (WHO) von 2002, der Schweizerischen Gesellschaft für Palliative Medizin, Pflege und Begleitung von 2005 sowie der Richtlinien der Schweizerischen Akademie der Medizinischen Wissenschaften (SAMW) von 2006.

Die meisten Menschen in der Schweiz wissen nicht, was Palliative Care ist. In den Kantonen mangelt es vielfach an einer flächendeckenden Versorgung mit Palliative Care-Angeboten. Es besteht dringend Handlungsbedarf, denn der Bedarf an vernetzter Palliative Care steigt in allen Versorgungssituationen an. Unbedingt nötig ist auch die Information der Bevölkerung über die grosse Bedeutung von Palliative Care. Dabei gilt es darauf hinzuweisen, dass Inhalt und Begriff vom Laien nicht immer richtig erkannt werden. Beispiele: Palliativmedizin ist nicht – wie oft angenommen – identisch mit Palliative Care. Die palliative Medizin ist ein Teil einer umfassenden Palliative Care; weitere Teile sind die palliative Pflege und die Unterstützung des unheilbar schwerstkranken Menschen bei seinen sozialen, seelischen und religiös-spirituellen Bedürfnissen. Es ist auch nicht richtig, wenn gesagt wird, Palliative Care sei gleichzusetzen mit «End-of-Life Care» (d. h. Betreuung in der letzten Lebensphase oder am Lebensende). Nach heutigem Verständnis ist Palliative Care definitionsgemäss grundsätzlich auch in jeder Phase einer unheilbaren Erkrankung anwendbar.

Herzstück im vorliegenden Buch ist das Plädoyer für eine gesetzliche Verankerung eines Anrechts auf umfassende Palliative Care aller Menschen in der Schweiz, die dieser bedürfen. Wir sind der Überzeugung, dass sich der unheilbar schwerstkranke Mensch insbesondere in der Endphase seines Lebens in einer Situation befindet, in der er als in hohem Masse schwach, verletzlich und verwundbar bezeichnet werden muss und deshalb eines rechtlich wirksamen Schutzes seiner Menschenwürde unbedingt bedarf. Nur der Gesetzgeber kann dem schwerstkranken und sterbenden Menschen den erforderlichen Rechtsschutz und die nötige Rechtssicherheit gewährleisten. Die Politik ist gefordert!

In Teil 2 des Buchs werden Sinn, Zweck und Rechtsverbindlichkeit der Patientenverfügung dargestellt. Dabei findet sich auch eine kurze Darstellung der am 1.1.2013 in Kraft tretenden neuen Bestimmungen über die Patientenverfügung im ZGB.

Teil 3 beinhaltet ethische und rechtliche Ausführungen über die passive Sterbehilfe.

Am Ende eines jeden Teils werden die einschlägigen Bestimmungen im revidierten Gesundheitsgesetz des Kantons Thurgau kommentiert (§ 33i, in Kraft seit 1.4.2011; §§ 33k–l, in Kraft seit 1.6.2010).

Wir danken dem Verlag NZN bei TVZ, namentlich der Verlagsleiterin Frau Marianne Stauffacher und Herrn Markus Zimmer herzlich für die Bereitschaft, unser Buch herauszugeben.

Unser grosser Dank gilt den beiden Sponsoren: der Römischkatholischen Körperschaft des Kantons Zürich und dem Kirchenrat der evangelischen Landeskirche des Kantons Thurgau.

Wir danken all den Persönlichkeiten, die unsere Arbeit in irgendeiner Weise unterstützt haben, so namentlich den Herren Dr. med. Christoph Seitler, Leiter der Palliativstation am Kantonsspital Winterthur, PD Dr. med. Roland Kunz, Leiter der Palliativstation am Spital Affoltern am Albis, und Dr. Daniel Büche, Leiter der Palliativstation am Kantonsspital St. Gallen, sowie den Onkologen Dr. med. Christian Taverna (Kantonsspital Münsterlingen) und Dr. med. Geoffrey Delmore (Kantonsspital Frauenfeld). Grösster Dank gebührt der Pflegefachfrau und

Dozentin für Palliative Care Cornelia Knipping, die uns leuchtendes Vorbild war, und Herrn Prof. Dr. Eberhard Schockenhoff (Universität Freiburg i. Br.). Tiefempfundener Dank auch Pfrn. Karin Kaspers-Elekes aus Horn/TG, den Seelsorgern der Palliativstation am Kantonsspital Winterthur Pfr. dipl. theol. Mag. Guido Hangartner (Leiter kath. Seelsorge KSW) und Pfr. lic. theol. Alberto Dietrich (Spitalseelsorger KSW), Pfr. Lukas Weinhold, Kirchenrat der evangelischen Landeskirche des Kantons Thurgau, Oberaach, Domherr Pfr. Theo Scherrer von der katholischen Landeskirche des Kantons Thurgau, Weinfelden, Pfr. Beda Baumgartner, damaliger Spitalseelsorger am Kantonsspital Münsterlingen, und Herrn lic. phil. Giovanni Meier-Grandjean vom Sekretariat der Schweizer Bischofskonferenz. All den vielen Menschen, die im Hintergrund zu unserer Unterstützung tätig waren, sei ebenfalls herzlich gedankt.

Arbon, im Juni 2011   Marlies Näf-Hofmann
                                                                  Andreas Näf

Erster Teil

Palliative Care

I. Historische Entwicklung

1. Ansätze einer Palliativmedizin von der Antike bis zum Mittelalter

Auf die Frage, ob der altgriechische Arzt dem unheilbar Kranken grundsätzlich seine Hilfe versagte, verbietet sich eine generelle Antwort schon deshalb, weil im «Corpus Hippocraticum» die gegensätzlichsten Ansichten hierüber zu Wort kommen.[1]

Der Medizinhistoriker Henry E. Sigerist schliesst aus verschiedenen Schriften des «Corpus Hippocraticum», dass der griechische Arzt nichts zu tun haben wollte mit dem hoffnungslos und unheilbar kranken Patienten: «Eine Behandlung wäre dann sinnlos gewesen, da das Ziel, die Wiederherstellung der Gesundheit, doch nicht erreicht werden konnte»[2]. Demgegenüber gibt es Hinweise im «Corpus Hippocraticum», die darauf schliessen lassen, dass unheilbare Krankheiten keineswegs dem Tätigkeitsbereich des Arztes entzogen waren. In einer grossen Zahl von Krankheitsbeschreibungen werden dem Arzt auch für den Fall, dass die Krankheit chronisch ist oder im weiteren Verlauf werden wird, umfangreiche Therapieanweisungen gegeben.[3] Dass eine nur theoretische Auseinandersetzung nicht ausreichte, sondern gleichzeitig auch praktische ärztliche Hilfe für den chronisch Kranken nötig war, erklärt der Verfasser des ersten Buches «Über die Krankheiten», das im letzten Drittel des 5. Jahrhunderts v. Chr. entstanden sein dürfte: «Im Bereich der Therapie soll man die bewältigbaren Fälle zu Ende behandeln; bei den nicht zu bewältigenden aber soll man wissen, weshalb sie so sind, und man soll sich bei der Behandlung solcher Fälle um den ‹grösstmöglichen Nutzen› kümmern»[4].

Hier sind zweifellos Ansätze einer Palliativmedizin im modernen Sinne zu erkennen, deren Hauptziel bei der «Behandlung von Patienten mit einer nicht heilbaren, progredienten und weit fortgeschrittenen Erkrankung mit begrenzter Lebenserwartung» die Verbesserung der «Lebensqualität» ist, wobei naturgemäss die Schmerzbehandlung im Vordergrund steht.[5] Klarheit darüber, dass es eine Art von Palliativmedizin in der Antike bereits gegeben hat, schafft auch die Passage aus dem «Corpus Hippocraticum» in der Schrift «Über das innere Leid». Der Verfasser hat hier ausgeführt, dass man, auch wenn man die Krankheit nicht überwinden könne, so doch die Symptome, vor allem den Schmerz lindern solle, denn «auf diese Weise dürfte er [der Patient] es nämlich am leichtesten ertragen.»[6]

Im Übergang von der Antike ins Mittelalter wurde die Einstellung zum Thema Sterbehilfe stark vom jüdischen und christlichen Glauben geprägt.[7] In Judentum und Christentum war eine Grundeinstellung vorhanden, die jede lebensverkürzende Sterbehilfe ablehnte.[8]

Einfluss auf die christliche Grundeinstellung hatte (und hat) auch der Anspruch, sich in der Nachfolge Christi Kranker bzw. Bedürftiger anzunehmen.[9] In frühchristlicher Zeit ist die Sorge für Sterbende und Bedürftige einem eigenen Berufsstand, der Diakonie, anvertraut worden. Sterbehilfe zählte zu den Werken der Barmherzigkeit. Auch das Ethos des Arztes lag – so bei Hildegard von Bingen und noch bei Paracelsus – nicht im Heilen oder sogar in der Lebensverlängerung, sondern in der Barmherzigkeit, die man dem Sterbenden oder Bedürftigen gegenüber aufzubringen bereit war.[10] Dieser Anspruch war mit ein wichtiger Grund für die Errichtung christlicher Hospitäler im Mittelalter und steht im Mittelpunkt der neuzeitlichen Caritas- und Diakoniebewegung. Dementsprechend verlangte (und verlangt) das christliche Ideal Pflege, Zuwendung und Begleitung für kranke und sterbende Menschen. Es ist somit nah am Ethos der aktuellen Hospizbewegung und Palliativmedizin: Barmherzigkeit, Nächstenliebe und menschliche Solidarität sind einerseits christliche Wertmassstäbe im Umgang mit leidenden Kranken und Sterbenden, doch auch die moderne Palliative Care wurde vor allem hinsichtlich Pflege sowie geistig-seelischer und religiös-spiritueller Unterstützung des Menschen in seiner letzten Lebensphase von den genannten ethischen Werten stark geprägt.

2. Der Euthanasiebegriff von Francis Bacon

In der Zeit der Renaissance und des Humanismus in Europa wurden antike Haltungen – ebenfalls in Bezug auf das Sterben – wieder aufgenommen.[11] Der Begriff Euthanasie wurde von Francis Bacon (1561–1626) in die medizinische Literatur eingeführt und bezeichnete den Bereich der Pflichtenlehre des Arztes, der sich auf den Umgang mit dem sterbenden Patienten bezog.[12] Bacon hat mit seinen Gedanken zum Begriff Euthanasie im Vergleich zum mittelalterlichen Denken eine entscheidende Wende vollzogen.[13] Sein Anliegen bestand in erster Linie in der Forderung, Ärzte sollten Sterbende in ihren letzten Lebensstunden nicht im Stich lassen, sondern ihnen erstens (palliativ) durch eine wirkungsvolle Schmerztherapie beistehen und zweitens (aktiv) nach Möglichkeiten der Lebensverlängerung suchen.[14]

In seinem Werk «Über die Würde und den Fortgang der Wissenschaften» führt Bacon dann aus, dass die Ärzte, «entsprechend ihrer Pflicht und sogar der Menschlichkeit selbst, ihre Kunst und ihren Fleiß daraufhin verwenden sollten, daß die Sterbenden leichter und sanfter aus dem Leben gehen». Dieses ärztliche Hinwirken auf einen leichten Tod nennt Bacon «äussere Euthanasie» im Unterschied zur «inneren Euthanasie», die die Seele auf den Tod vorbereitet.[15]

Bacon vertrat – im Unterschied zur Auffassung von Hildegard von Bingen und Paracelsus – offenbar die Meinung, das ärztliche Verhalten solle in einem aktiven Handeln mit dem Zweck der Bekämpfung oder Linderung von Schmerzen beim Sterbenden bestehen. Mit seinen Empfehlungen an den Arzt zur Schmerzmittelgabe und seiner «inneren Euthanasie», die einer Vorbereitung der Seele des Menschen auf seinen Tod diente, hat Bacon bereits 400 Jahre vorher den Grundgedanken der modernen Pal-

liative Care vorweggenommen, wonach bei einer auf Leib und
Seele gerichteten palliativen Betreuung nebst der schmerzlindernden medizinischen Behandlung die geistig-seelische Begleitung des sterbenden Menschen unverzichtbar ist.

3. Sterbebegleitung als Aufgabe des Arztes

Erst um die Wende vom 18. zum 19. Jahrhundert griffen bedeu-
tende Ärzte den Euthanasie-Begriff Bacons wieder auf und for-
derten die Aufnahme der medizinischen Euthanasie in die medizinische Therapeutik.[16] Nikolaus Paradys in Leiden und Johann
Christian Reil in Halle sowie weitere Ärzte präzisierten Bacons
Forderungen und machten die Euthanasie, mithin die Kunst das
Sterben leichter zu gestalten, zur Aufgabe des Arztes.[17] Alle ärztlichen Mittel zur Lebensverkürzung stiessen hingegen auf unbedingte Ablehnung.[18] Zu den Euthanasiemassnahmen gehörten
etwa: Sorge um Ruhe im Sterbezimmer (als unzumutbar galt die
Anwesenheit vieler Personen), sorgfältigste Pflege, Herbeifüh-
ren der besten äusserlichen Bedingungen für den Patienten und
häufige Hausbesuche durch den Arzt, damit dieser dem Patienten seine Zuwendung zum Ausdruck bringen könne. Schmerzen
soll der Arzt so weit wie möglich mit Medikamenten ausschal-
ten, um dem Patienten ein ruhiges und sanftes Ende zu bereiten.[19] Von zahlreichen Autoren wird auf die grosse Bedeutung
der betäubenden Mittel insbes. des Opiums für die Euthanasie
hingewiesen. Nachdem der Apotheker Friedrich Wilhelm Adam
Sertürner 1804 den Hauptwirkstoff des Opium, das Morphium
(so genannt nach Morpheus, dem Gott der Träume) isoliert
hatte, wurde dieses später als Schmerzmittel angewendet.[20] Zur
Euthanasie in dieser Zeit gehörte auch eine einfühlsame psycho-
logische Begleitung des Sterbenden.[21]

Die folgenden ausgewählten Zitate aus Schriften berühmter
Ärzte in der Zeit der ersten Hälfte des 19. Jahrhunderts zeigen,
dass bereits damals deutliche Ansatzpunkte vorhanden waren
für eine moderne Palliative Care, die medizinische Behandlung

sowie pflegerische und geistig-seelische Betreuung des unheilbar kranken und sterbenden Menschen umfasst.

So führte Karl Friedrich Heinrich Marx[22] anlässlich seiner Antrittsvorlesung als a. o. Professor in Göttingen 1826 aus: «Da der Arzt, dem Kranken gegenüber, und zur Beruhigung seiner Umgebung, immer handeln muss, wie ihm gleich eben so viel die wartende Methode leistet, so kann er bloss von der Palliativcur Gebrauch machen. Von der Zeit an, wo er an die Entfernung der Krankheitsursache, an eine Umstimmung der völlig abnorm sich verhaltenden organischen Thätigkeiten zur Gesundheit, ja nicht einmal an die Erhaltung der Lebenskräfte mehr denken kann, da beschränkt sich sein Thun bloss auf die Anzeige nach den hervorstechenden und dringendsten Symptomen»[23].

Von der Pflicht des Arztes «dem wirklich Sterbenden den Schmerz des Abscheidens zu lindern», handelt folgender Passus, den der berühmte Arzt, Professor und Politiker Dietrich Georg Kieser geschrieben hat: «Aber für den Augenblick die heftigen Schmerzen lindern, die einzelnen Symptome beseitigen, auch wenn diese Palliativbehandlung nichts zur Heilung beitragen kann, ist die Pflicht des die Euthanasie befördernden Arztes.»[24]

Der bekannte Arzt Samuel Gottlieb Vogel formulierte: «Der Sterbende muss überall Beweise der Liebe, der Anhänglichkeit, der Theilnahme, der Dienstfertigkeit und Hülfe vor Augen haben.»[25]

Der Botaniker und Mediziner Kurt Polycarp Joachim Sprengel wies in seinen «Institutiones medicae» auf die grosse Bedeutung der Religion für die Euthanasie im Baconschen Sinne hin.[26]

Der praktische Arzt Karl Ludwig Klohss schrieb: «[...] wenn es [das Sterben] zu seinen letzten Stadien kömmt und augenscheinlich in täglicher Verschlimmerung dem unaufhaltsamen Tode zueilt, verfahre bloß palliativ, lindere, stille Schmerzen und beruhige, und verschaffe so dem ohnehin genug gequälten Kranken ein sanfteres, leichteres, nicht durch unnütze Zumuthungen oder unnöthige Versagungen erschwertes Ende»[27].

Unter der Bezeichnung «Euthanasia, Euthanasie, Todeslinderung» erklärt eine Encyclopädie von 1841: «Sobald bei unheilbaren Krankheiten der bevorstehende tödtliche Ausgang gewiss wird, ist neben der gewöhnlichen Palliativmethode auch für die Euthanasie zu sorgen. Denn es hängt allerdings sehr oft von dem Verfahren des Arztes in dieser Periode ab, ob der Tod ein sanfter sein wird oder nicht. Am auffallendsten sieht man diess bei den chronischen Desorganisationen, der Tuberkelschwindsucht, dem Krebse u. s. w. Man kann solche Patienten durch eine besonnene Pflege, durch Erhalten in vita minima, in ruhig heiterer Stimmung unter gewohnten und geliebten Umgebungen u. s. w. langsam und milde auslöschen lassen»[28].

Der Arzt und Professor der praktischen Medizin Friedrich August Gottlob Berndt nahm einen wichtigen Gedanken der modernen Palliative Care vorweg, indem er schon 1827 darauf hinwies, dass in die Betreuung auch die Hilfe und die Fürsorge für die Hinterbliebenen des Verstorbenen mit einzubeziehen seien.

4. Entwicklung der modernen Hospizbewegung

Um 1850 nahmen entscheidende Veränderungen in der Medizin ihren Anfang. Es entwickelte sich eine auf naturwissenschaftliche Erkenntnisse gründende medizinische Wissenschaft, die ein neues Methodenverständnis und den Anspruch auf objektive Krankheitserkennung brachte.[29] Wegen des starken Mentalitätswandels konnten Sterben und Tod in einer nicht-religiösen Perspektive keinen Platz mehr finden. Der Kranke wurde mehr als Objekt denn als Mensch mit Gefühlen behandelt. Die so genannte Labormedizin fand praktische Anwendung.[30] Der Kranke als Mensch wurde in den Hintergrund gedrängt und vom Arzt nicht als gleichgestellter Partner, sondern von oben herab behandelt.[31] «Sterben» war «zu einer empirischen Faktizität [geworden], die aus den Gegenstandsbereichen der fortschrittlichen Heiltechnik immer systematischer ausgeklammert wurde»[32]. Schriften über Euthanasie erschienen nur noch selten.[33]

All dies führte in der ersten Hälfte des 20. Jahrhunderts zu einer zunehmenden Vernachlässigung in der Betreuung von

Patienten in der Terminalphase. Diese Entwicklung wurde begünstigt durch Änderungen in der Gesellschaft und durch den Glauben an die Fortschritte der technisierten Medizin. Anfang der 60er Jahre des 20. Jahrhunderts kam es zu einer Gegenbewegung, an der zwei Ärztinnen massgeblich beteiligt waren: Elisabeth Kübler-Ross war bahnbrechend für die Kommunikation mit dem Sterbenden, und Cicely Saunders legte den Grundstein für die moderne Hospizbewegung, die einen neuen Umgang mit Sterben und Tod mit sich brachte.[34]

Die Idee der Palliative Care hat ihren Ursprung in der modernen Hospizbewegung. Ziel dieser Bewegung ist die ganzheitliche Betreuung schwerkranker und sterbender Menschen sowie die Linderung ihrer körperlichen, seelischen, sozialen und spirituellen Leiden. Die Hospizbewegung orientiert sich an den vier Kernbedürfnissen des Schwerkranken und Sterbenden, die da sind: Im Sterben nicht allein gelassen zu werden, keine starken Schmerzen ertragen zu müssen, die letzten Dinge regeln und sowohl die Sinnfrage als auch die Frage nach dem Danach stellen und diskutieren zu können.[35]

Ursprungsland der neuen Hospizbewegung ist Grossbritannien. Ihr Beginn wird auf die Eröffnung des St. Christopher's Hospice in London im Jahre 1967 datiert.[36] Gründerin und Leiterin war Cicely Saunders.

Die Bezeichnung Hospiz rührt von Hospes, Gast und Gastgeber her und ist «ein Zeichen der gegenseitigen Fürsorge unter Menschen»[37]. Die Idee des Hospizkonzepts geht über 2000 Jahre zurück, als eine Schülerin des heiligen Hieronymus in Rom eine Unterkunft einrichtete für die Pflege der aus Afrika zurückkehrenden Pilger. Im Frühmittelalter standen in ganz Europa Hospize insbesondere entlang der Pilgerwege zum Heiligen Land allen schutz- und hilfsbedürftigen Menschen offen. In der mittelalterlichen christlichen Welt gründete die Hospitalität gegenüber Kranken und Sterbenden auf dem Bibeltext: «Was ihr dem geringsten meiner Brüder tut, das habt ihr mir getan». Im 16. Jahrhundert gründete der französische Priester Vinzenz von Paul einen Orden für Krankenschwestern «Filles de la Charité» («Barmherzige Schwestern»), deren Klöster zu Häusern für die

Kranken wurden. Im 19. Jahrhundert schrieb die Krankenschwester Florence Nightingale Worte, die man gut als Motto
für das moderne Hospiz von heute verwenden könnte: «Wie
wenig wird verstanden, welche Leiden durch Krankheit verur-
sacht werden können, wie wenig kann sich ein Gesunder in das
Leben eines Kranken hineinversetzen! ... ‹Was nicht heilbar ist,
muss erduldet werden› ist die schlechteste und gefährlichste
Maxime für eine Krankenschwester, die jemals ausgesprochen
wurde. Sich gedulden und resignieren ist gleichzusetzen mit
Nachlässigkeit oder Desinteresse»[38]. Schwester Mary Aiken-
head vom Orden «Filles de la Charité» gründete Ende des
19. Jahrhunderts in Dublin eine Unterkunft für unheilbar
Kranke, die sie als «hospice» bezeichnete.

Die Umsetzung der Hospizidee und die breite Unterstützung
durch die Bevölkerung sind zurückzuführen auf die Wertschätzung der Persönlichkeit von Cicely Saunders, aber auch auf die
Unzufriedenheit im Volk wegen der bestehenden Mängel in der
Sterbebegleitung. Dazu kamen die Technologisierung der Medizin und der zunehmende Materialismus, die einen menschlichen Umgang mit den Sterbenden in den Hintergrund gedrängt
hatten.[39]

Das erste moderne Hospiz Grossbritanniens, das St. Christopher's,
lässt sich vom Grundsatz umfassender Pflege und Schmerztherapie im Finalstadium der Erkrankung eines Menschen leiten.[40]
In ihrem Konzept knüpfte Cicely Saunders an den Euthanasiege-
danken von Francis Bacon an, wonach es Aufgabe des Arztes sei,
nicht nur um die Heilung des Patienten, sondern auch für die
Erleichterung seines Sterbens besorgt zu sein.[41] Ihre Einstellung,
dass jeder Sterbende einen würdevollen Tod verdiene, äussert sie
sehr eindrücklich gegenüber einem sterbenden Patienten: «Sie
sind wichtig, weil Sie eben sind. Sie sind bis zum letzten Augenblick Ihres Lebens wichtig, und wir werden alles tun, was wir
können, damit Sie nicht nur in Frieden sterben, sondern auch
leben können, bis Sie sterben»[42].

Mit ihrem persönlichen Hintergrund als Krankenschwester,
Sozialarbeiterin und Ärztin machte Cicely Saunders klar, dass

die Sorgen und Ängste der Patienten nicht effizient genug mit einer einzigen Disziplin angegangen werden können. Das multiprofessionelle Team ist daher ein zentrales Charakteristikum der Hospizarbeit. In der Folge wurde der Anspruch erweitert auf eine interdisziplinäre Zusammenarbeit, wobei zu den Kerndisziplinen die Medizin, die Pflege, die Sozialarbeit und die Seelsorge gezählt werden können. Da Cicely Saunders selbst dem christlichen Glauben sehr verbunden war, weisen die Hospizbewegung und ihre Einrichtungen enge spirituelle Bezüge auf, ohne dass es deswegen zu einer konfessionellen Einengung gekommen ist; die Interreligiosität gehörte vielmehr zu den konzeptionellen Kernbestandteilen. Die britischen Hospize mit St. Christopher's an der Spitze galten von Anfang an auch als Forschungs- und Ausbildungszentren, weshalb mit dem Jahr 1967 ebenfalls die Anfänge der Palliative Care als selbständigem Forschungsgebiet zu datieren sind. Ein wichtiger Schritt dafür war die Anerkennung der Palliativmedizin als eigenständige Subdisziplin der Medizin durch das «Royal College of Physicians» im Jahr 1987.[43]

Die Entwicklung von Hospizarbeit und Palliative Care ist eine Geschichte der letzten 40 Jahre, in deren Mittelpunkt Cicely Saunders steht. Das von ihr definierte Versorgungskonzept für das St. Christopher's Hospice wurde zunächst unter ihrem Wirken, in den letzten 15 Jahren dann vorrangig durch das Engagement der Weltgesundheitsorganisation sowie zahlreicher ehrenamtlicher Gruppen und Vereine weltweit übernommen und verbreitet und ist heute unter dem Begriff Palliative Care ein wesentlicher Bestandteil nationaler Gesundheitssysteme in über 50 Ländern.[44]

Die mit der Gründung des ersten modernen Hospizes in Gang gesetzte Dynamik hält ungebrochen an. Heute noch ist die von Cicely Saunders initiierte Hospiz-Bewegung vorbildlich.[45] Fast gleichzeitig mit dem St. Christopher's in London entwickelte sich in New York und Seattle – dort als Folge der Konfrontation mit Schwerstverletzten aus dem Koreakrieg – palliative Krankenpflege, die sich in den Vereinigten Staaten und Kanada rasch ausbreitete und schliesslich auch in der Schweiz Fuss fasste.[46] In vielen Ländern entstanden Hospizbewegungen mit dem Ziel, die Situation sterbender Menschen zu verbessern, und sowohl stationäre als auch ambulante Hospizdienste wurden feste Teile der Sterbebegleitung.[47]

Stationäre Hospize sind in der Schweiz rar. Unter http://www.hospiz.org/schweiz.htm kann eine Liste abgerufen werden, auf der sieben Hospize genannt sind, von denen ein Teil mit einem öffentlichen Leistungsauftrag arbeitet.[48] Diese Hospize bieten unheilbar Kranken und Sterbenden Raum und Zeit für ein möglichst autonomes und würdevolles Leben an dessen Ende. Die Betreuung erfolgt nach den Grundsätzen von Palliative Care.

Hauptgrund dafür, dass – im Gegensatz zu Deutschland und Österreich – die Idee der stationären Hospize bei uns noch nicht genügend Fuss gefasst hat, mag darin liegen, dass viele Menschen meinen, bei einem Hospiz handle es sich um einen blossen «Sterbeort». Hier tut Information not, denn Hospize sind «Orte des Lebens», die dem sterbenden Menschen in einer guten Atmosphäre und mittels optimaler palliativer Behandlung und Begleitung eine Zeit bestmöglicher Lebensqualität verschaffen.

Wirft man einen Blick in die Zukunft, so wird klar, dass die Errichtung von stationären Hospizen in der Schweiz unbedingt gefördert werden muss. Dabei fällt auch ins Gewicht, dass sich die Situation der Familien verändert hat, indem die Betreuung hilfsbedürftiger Verwandter oft an «Profis» delegiert wird.[49] Es drängt sich daher die Frage auf, wie den Menschen am besten geholfen werden kann, die nicht im Familienkreis oder im Pflegeheim betreut werden wollen oder können. Zu berücksichtigen ist ferner, dass Palliativstationen vom Grundgedanken her unheilbar Schwerkranken keine Bleibe bis zum Tode bieten. Die durchschnittliche Aufenthaltsdauer in der Palliativstation beträgt um die 15 Tage, dann – wenn sich der Zustand der Patienten stabilisiert hat – werden sie entlassen. In diesen und vielen weiteren Fällen sind es die stationären Hospize, die optimale medizinische Behandlung, einfühlsame Pflege und humane Sterbebegleitung bis zum Tode ermöglichen.

Aus absehbaren Gründen wird man wohl in naher Zukunft vielerorts nicht darum herumkommen, stationäre Hospize zu errichten. Es sollte nicht beim blossen Wunschdenken bleiben. Alle gesellschaftlichen Ebenen sind daher aufgefordert, einen Beitrag dazu zu leisten, dass es auch in der Schweiz eine Anzahl von stationären Hospizen gibt, die der grossen Bedeutung dieser Institutionen und dem wachsenden Bedarf angemessen ist.

5. Palliativstationen

In den seit 1975 im institutionellen Rahmen von Krankenhäusern entstehenden Palliativstationen werden die Anliegen der modernen Hospizbewegung aufgenommen und in eigenständigen Stationen oder Abteilungen praktiziert.[50] Die Palliativstation ist neben dem Hospiz eine weitere Umsetzungsmöglichkeit der Hospizidee im stationären Bereich. Palliativstationen können als zweite Generation der Hospizbewegung betrachtet werden, «sie bringen ‹Hospizlichkeit› in Akutkrankenhäuser wieder zurück».[51] Aufgenommen werden Menschen, die wegen ihrer unheilbaren Krankheit eines hohen Betreuungsaufwandes bedürfen und einen Aufenthalt im Krankenhaus zur Symptomkontrolle nötig haben. Die meisten Patienten werden wieder entlassen, können aber nach einer allfälligen Verschlechterung ihres Zustandes in die Palliativstation zurückkehren.[52] Vorteile einer Palliativstation gegenüber einem Hospiz ergeben sich durch diagnostische und therapeutische Möglichkeiten und die konsiliarische Einbindung verschiedener Fachdisziplinen.[53] Palliativstationen erfüllen insbesondere Aufgaben der medizinischen Krisenintervention.[54]

Die Erfahrungen der Palliativstationen in Deutschland haben gezeigt, dass die von vielen befürchtete Gettoisierung der Patienten nicht eingetreten ist. Die Patienten erleben diese Stationen vielmehr «als Orte des Friedens, des Vertrauens, des Vertrautseins, der Offenheit und der Ehrlichkeit».[55]

Palliativstationen gibt es inzwischen in einigen Schweizer Kantonen, z. B. in Zürich, St. Gallen, Waadt, Luzern, Genf, Grau-

bünden und neuerdings im Thurgau seit 6.12.2010 am Kantonsspital Münsterlingen.

II. Menschenwürde und Palliative Care

In Würde sterben ist ein allgemein menschlicher Wunsch. Fragt
man aber danach, was darunter verstanden wird, fallen die Antworten unterschiedlich aus und ziehen noch weitere Fragen
nach sich, denn es tauchen sogleich komplexe Fragen auf, wie
etwa: Wie ist ein «menschenwürdiges Sterben» heute möglich?
Was bedeuten Würde und Menschenwürde? Wie hat sich das
zugrunde liegende Verständnis entwickelt? Der Zusammenhang von Menschenwürde und den vielfältigen Möglichkeiten
einer «umfassenden medizinisch-pflegerisch-sozial-psycholo-
gisch-spirituellen Versorgung des/der Sterbenden (und seiner/
ihrer Angehörigen)»[56] durch Palliative Care steht hier im Fokus.
   Die bundesrätliche Arbeitsgruppe «Sterbehilfe» weist darauf
hin, dass, «auch wenn feststeht, dass die Wahrung der Menschenwürde eine absolute Grenze für alles staatliche und
hoheitliche Handeln darstellt, [...] der Begriff der Menschenwürde selber unterschiedlichen Verständnissen zugänglich
ist.»[57] Der Ausdruck Menschenwürde wird heutzutage in der
Alltagssprache, in der Politik und in den verschiedenen wissenschaftlichen Disziplinen auf die verschiedenartigste Weise
gedeutet und verwendet.[58] Das Verständnis dessen, was Menschenwürde ausmacht, entscheidet über die letzten, die unum-
stösslichen Werte, die eine Rechtsgemeinschaft (ein Staat) definiert. Ethik und Recht stehen bei der Frage nach dem Inhalt der
Menschenwürde in einem Abhängigkeitsverhältnis. Die Menschenwürde stellt einerseits einen ethischen Imperativ dar[59]
und ist andererseits in zahlreichen Ländern (so auch in der
Schweiz) ein verfassungsmässig verankertes Grundrecht.

1. Philosophische Begriffsgeschichte der Menschenwürde

a) Antike und christliches Mittelalter

Menschenwürde[60] bedeutete nicht zu allen Zeiten dasselbe.[61] In der griechisch-römischen Antike sprach man von der Würde des Menschen als einer Errungenschaft bzw. einem sozialen Rang, der nur wenigen zukam.[62] Der allererste, der nachweislich von der allgemeinen Würde sprach und erkannte, dass alle Menschen Träger von Würde sind, war Marcus Tullius Cicero.[63] Diese Würdevorstellung entfaltete sich im frühen Christentum voll und blieb lebendig bis ins gesamte Mittelalter, wo aus der Gott-Ebenbildlichkeit des Menschen und der Erlösungstat von Jesus Christus auf die Vorrangstellung des Menschen vor den übrigen Geschöpfen geschlossen wurde.[64] Nach christlicher Auffassung ist die Gott-Ebenbildlichkeit «keine Fähigkeit und Tat des Menschen, sie ist nicht Aufgabe, sondern ganz allein Gabe, Geschenk Gottes, sie ist gebunden an die in Jesus Christus verbürgte ewige Gemeinschaft mit Gott, die dem Menschen einen Wert gibt, der jedem menschlichen Leben schon jetzt als eine unverlierbare Würde zugeeignet ist.»[65] Auch Giannozo Manetti bringt in seinem Werk «De Dignitate et Excellentia Hominis» (1492) die Teilhaftigkeit aller Menschen als nach dem Ebenbild Gottes geschaffenen Wesen an menschlicher Würde zum Ausdruck: Er begreift die menschliche Würde als eine durch Geburt allen Menschen vermittelte ontologische Grösse.[66]

b) Vernunftphilosophie der Neuzeit

Zu Beginn der Neuzeit änderte sich die Akzentsetzung. Die Würdeidee wurde immer weniger auf die Gott-Ebenbildlichkeit und Mittelpunktstellung des Menschen im Weltall zurückgeführt, sondern nur noch auf seine Freiheit und Vernunft.[67] Die Idee der Würde löste sich allmählich aus der alten religiösmetaphysischen Einbindung heraus.[68] Bei dieser Entwicklung spielte Blaise Pascal eine wichtige Rolle. Obwohl gläubiger Christ, bestimmt er die Würde des Menschen nicht mehr über dessen Standort in der Welt, wenn er in seinen «Gedanken» im berühmten Fragment 347 schreibt: «Unsere ganze Würde besteht also im Denken»[69].

Von zentraler Bedeutung wird der Begriff der Menschenwürde in der Ethik von Immanuel Kant.[70] Der grosse Philosoph vertrat einen sittlich verstandenen Würde-Begriff.[71] Die Würde stellt einen inneren Wert dar, der über allen Preis erhaben ist und kein Äquivalent gestattet.[72] In seiner «Grundlegung zur Metaphysik der Sitten» (1785) schrieb Kant, der Mensch existiere als Zweck an sich selbst, «nicht bloss als Mittel zum beliebigen Gebrauche für diesen oder jenen Willen,» sondern müsse «jederzeit zugleich als Zweck» betrachtet werden,[73] denn «die vernünftige Natur existiert als Zweck an sich selbst.»[74] Daraus ergibt sich als praktischer Imperativ: «Handle so, dass du die Menschheit sowohl in deiner Person als auch in der Person eines jeden anderen, jederzeit zugleich als Zweck, niemals bloss als Mittel brauchst»[75]. Zweck an sich kann ein vernünftiges Wesen jedoch nur unter der Bedingung der Moralität sein, «weil nur durch sie es möglich ist, ein gesetzgebend Glied im Reiche der Zwecke zu sein. Also ist Sittlichkeit und die Menschheit, so fern sie derselben fähig ist, dasjenige, was allein Würde hat»[76], und es ist die «Würde des reinen Vernunftgesetzes in uns»[77], die besondere Achtung verdient.[78] Demnach ist der Grund der Würde die Autonomie «der menschlichen und jeder vernünftigen Natur»[79].

Für Kant ist die Würde sowohl Wesensmerkmal des Menschen als auch Gestaltungsauftrag. Insofern sie Wesensmerkmal ist, kommt sie allen Menschen zu und muss unbedingt respektiert werden. Die Würde kann selbst dem nicht abgesprochen werden, der sie in seinem Handeln verleugnet.[80] Insofern die Würde einen Gestaltungsauftrag bedeutet, hängt es hauptsächlich von den Menschen selbst ab, von ihren Lebensweisen und Umgangsformen, ob es Würde gibt,[81] d. h. der Mensch soll in Erfüllung des an ihn gerichteten Gestaltungsauftrags in der täglichen Praxis danach streben, zu einem moralisch guten Lebenswandel zu gelangen.[82]

Kant sieht in der Würde ein Wesensmerkmal mit absolutem Wert. Mit dieser Auffassung bleibt Kant auf dem Boden der philosophischen Tradition u. a. eines Cicero, Augustinus, Thomas von Aquin oder Pascal.[83]

Die an Kant orientierte Begründung der Menschenwürde ist eine säkulare, widerspricht aber einer religiösen Begründung nicht.[84]

c) Heutige Menschenwürde-Verständnisse

Aus heutiger Sicht stellen sich neue Fragen vor allem im Hinblick auf die «inflationäre» Verwendung des Menschenwürde-Begriffs insbes. in bioethischen Bereichen.[85] Überdies bestehen je nach zugrunde liegender Theorie beträchtliche Unterschiede im Menschenwürde-Verständnis.[86] Dennoch sind Konkretisierungen des Begriffs möglich, indem z. B. Achtungsbereiche der Menschenwürde unterschieden werden, die Sachverhalte oder Lebensbedingungen bezeichnen, die für jede Person schon immer einen absoluten Wert haben, weil sie nichts anderes als Konkretisierungen und Entfaltungen des absoluten Wertes der Menschenwürde sind. Ein solcher Bereich ist die leibseelische Integrität, gegen die z. B. die Folter verstösst.[87]

Verfolgt man die philosophische Begriffsgeschichte, finden sich zwei unterschiedliche Konzepte der Menschenwürde: das heteronomische und das autonomische Konzept.[88]

Ein Vertreter der autonomischen Konzeption von Menschenwürde ist Rolf Gröschner.[89] Nach diesem Rechtsphilosophen besteht die Menschenwürde in der Fähigkeit zum Entwurf einer Lebensform, unabhängig davon, ob und wie die Fähigkeit genutzt wird und zu welcher Realisierung sie führt. Was das einzelne Individuum aus dieser Fähigkeit macht und inwieweit es durch individuelle Leistung einen «wertvollen» Beitrag zur gesamtgesellschaftlichen Wertschöpfung beisteuert, ist unter dem Würdeaspekt unerheblich. Entscheidend für die Würde ist allein der Umstand, dass ein Mensch die Fähigkeit des Entwurfsvermögens hat, weshalb z. B. auch dem Schwerstverbrecher Menschenwürde zukommt. Auch der noch nicht geborene und der geistig Schwerstbehinderte haben Menschenwürde, weil sie über potentielles menschliches Entwurfsvermögen verfügen.[90]

Eine heteronomische Konzeption von Menschenwürde wird bis in die Gegenwart hinein von katholischen Philosophen und Theologen vertreten.[91] Auch das Zweite Vatikanische Konzil[92] unterscheidet wie Thomas von Aquin zwischen zwei Ebenen der Menschenwürde. Auf der ersten Ebene folgt die Menschenwürde aus der Gott-Ebenbildlichkeit, alle sind ja geschaffen nach Gottes Bild. Diese Würde ist unantastbar, d. h. sie kann dem Menschen weder entzogen noch abgesprochen werden, der Mensch kann sich ihrer auch nicht entäussern. Aus dieser unantastbaren Würde folgt die Aufgabe des Menschen, dem «Gesetz, das von Gott seinem Herzen eingeschrieben ist», zu gehorchen.[93] In diesem Gehorsam liegt die Menschenwürde in des Wortes zweiter Bedeutung: «Eine solche Würde erwirbt der Mensch, wenn er sich aus aller Knechtschaft der Leidenschaften befreit und sein Ziel in freier Wahl des Guten verfolgt sowie sich die geeigneten Hilfsmittel wirksam und in angestrengtem Bemühen verschafft.»[94]

In der evangelischen Theologie gibt es Stimmen, die zu einem ähnlichen Ergebnis gelangen.[95] Nach Trutz Rentdorff ist christliche Freiheit im lutherischen Sinne die Freiheit von der Sünde, die durch Gnade gewährt wird; es ist nicht natürliche, sondern gewährte Freiheit. Sie ist von Gott gegeben und im Glauben empfangen. Ihr Sinn besteht darin, Gottes Willen in der Welt zu tun. Die Freiheit ist im Glauben enthalten. Unter der Voraussetzung und aufgrund dieser persönlichen Freiheit ist es dann ganz konsequent, wenn der Christ das Feld seiner Aktivität in solchen Handlungen und Bereichen findet, die dem Nächsten dienen und zum gemeinsamen Guten beitragen.[96]

Nach christlicher Auffassung gründet die Würde des Menschen nicht darin, dass er über dem Tier steht, sondern darin, dass Gott ihn zu seinem Partner erwählt und geschaffen und zu ewiger Gemeinschaft mit sich bestimmt hat. In dieser Zuwendung Gottes zum Menschen wird der Mensch als Person konstituiert. Die Würde des Menschen ist unverletzlich und unverlierbar, weil sie allein in Gottes Handeln am Menschen begründet ist.[97] Auch der römisch-katholische Bischof des Bistums Regensburg

Gerhard Ludwig Müller erachtet die Würde des Menschen als unverfügbar und folgert, dass jeder Mensch von vorneherein und immer Person ist.[98]

Der christliche Sozialwissenschafter Manfred Spieker hält fest, dass der Mensch deshalb über eine unantastbare Würde verfügt, weil er Person ist – von der Empfängnis bis zum Tod. Er umschreibt den Personenbegriff wie folgt: «Person sein heisst, der Mensch ist nicht eine Sache, ein ‹Etwas›, sondern ein Jemand, ein Lebewesen, das Geist und Leib, Individualität und Sozialität, Freiheit und Verantwortung, Gottebenbildlichkeit und Ambivalenz, d.h. die Fähigkeit, gut oder böse zu handeln, vereint. Der Mensch ist als Person weder eine isolierte Monade im Weltall (Leibniz) noch ein Ensemble gesellschaftlicher Verhältnisse (Marx), weder ein Mängelwesen (Gehlen) noch eine Bestie bzw. des Menschen Wolf (Hobbes), sondern ein Wesen, das sich selbst, seine Mitmenschen und seine Umwelt erkennt, das eine Seele hat, als körperliches Wesen Anteil hat an der animalischen Natur und sterblich ist. Er ist einmalig, ein Subjekt mit Plänen, Anlagen und Initiativen, aber immer auch auf den anderen angewiesen, mit ihm zusammen existierend, Freude und Leid teilend und die Welt gestaltend». Aus dem Personsein des Menschen folgert Spieker auch, dass das fundamentalste Menschenrecht (Recht auf Leben und körperliche Unversehrtheit) jedem Menschen zusteht, und zwar in jeder Phase seines Lebens.[99] Christoph Böhr, der für eine Aufwertung der Palliativmedizin und damit für eine Linderung der Leiden eines sterbenden Menschen plädiert, sieht eine Verbindung zwischen der Menschenwürde und der «Heiligkeit» des Lebens. Von der «Heiligkeit» des menschlichen Lebens spricht man deshalb, weil die Würde des Menschen einen uneingeschränkten Schutz verdient, unabhängig von seinen Eigenschaften, Fähigkeiten und Merkmalen wie z.B. Alter oder Krankheit.[100]

Die Auffassung, wonach aufgrund der «Heiligkeit» des Lebens jedem Menschen als Person eine unantastbare Würde zukommt, wird heute insbesondere von gewissen Philosophen abgelehnt. Peter Singer u.a. bestreiten, dass einem Menschen nur deshalb eine besondere «Heiligkeit» (Würde) zukommen soll, weil er der besonderen biologischen Gattung Mensch zugehört. Nach Auffassung dieser Philosophen ist der Mensch nur Person, wenn er über Selbstbewusstsein, also die Fähigkeit verfügt, sich als in der Zeit existierend wahrzunehmen, Interessen zu äussern und zu verfolgen u. a. Aus diesem Grunde sind nicht nur Föten, sondern auch Menschen ohne intaktes Selbstbewusstsein (z. B. infolge Unfalls, Schlaganfalls, zerebralen Abbaus im Alter) keine Personen, und ihre Tötung muss daher nicht als Tötung von Menschen angesehen werden.[101]

2. Menschenrechte aufgrund der Menschenwürde

Auf den beiden Aspekten der Würde als einer vorgegebenen Seinsbestimmung und eines aufgegebenen Gestaltungsauftrages beruhen letztlich auch die in der Neuzeit entwickelten Menschenrechte.[102] Es herrscht nicht nur die Meinung vor, dass die Menschenrechte auf der Idee der Menschenwürde gründen und darin ihren letzten Verpflichtungs- und Bestimmungsgrund finden, sondern man betrachtet die Menschenwürde ausserdem als obersten Wert der Rechtsordnung insgesamt, als absoluten Orientierungspunkt eines jeden grundrechtlichen Wertesystems.[103] Wie die Menschenwürde sind auch die Menschenrechte unverlierbar.[104]

3. Menschenwürde und Recht

Nachdem die Menschenwürde vor dem 20. Jahrhundert weltweit nirgendwo Bestandteil der Sprache des Rechts war, tauchte sie erstmals in der Weimarer Reichsverfassung von 1919 auf, erschien dann in der faschistischen Verfassung Portugals von 1933 und schliesslich in der Präambel der irischen Verfassung von 1937. Immer ging es bei der Verwendung des Wortes Menschenwürde um die staatliche Aufgabe, für den Menschen ein menschenwürdiges Leben zu ermöglichen. Eine umfassendere Bedeutung erhielt der Begriff Menschenwürde erst mit seiner völkerrechtlichen Rezeption.[105]

a) Vereinte Nationen

Als erster internationaler Vertrag wird die Menschenwürde in der Gründungsurkunde (Charta) der Vereinten Nationen von 1945 erwähnt. 1948 formuliert die Allgemeine Erklärung der Menschenrechte (AEMR) in Art. 1: «Alle Menschen sind frei und gleich an Würde und Rechten geboren».

Die Internationalen Pakte, die am 19. Dezember 1966 von der Generalversammlung der UN ohne Abstimmung angenommen wurden und 1976 in Kraft traten, thematisieren die Menschenwürde in ihren Präambeln, in «der Erwägung, dass nach den in der Charta der Vereinten Nationen verkündeten Grundsätzen die Anerkennung der allen Mitgliedern der menschlichen Gesellschaft innewohnenden Würde und der Gleichheit und Unveräusserlichkeit ihrer Rechte die Grundlage von Freiheit, Gerechtigkeit und Frieden in der Welt bildet»[106].

b) Menschenwürde im staatlichen Verfassungsrecht

Im Grundgesetz für die Bundesrepublik Deutschland vom 23. Mai 1949 erhält die Menschenwürde eine neue Qualität. Zum ersten Mal wird in dieser nationalen Verfassung der geistige Zusammenhang zur UN-Charta und zur AEMR hergestellt, indem die Menschenwürde mit den unverletzlichen und unveräusserlichen Menschenrechten in Verbindung gebracht wird. Art. 1 Grundgesetz (GG) lautet:

> (I) Die Würde des Menschen ist unantastbar. Sie zu achten und zu schützen ist Verpflichtung aller staatlichen Gewalt.
> (II) Das Deutsche Volk bekennt sich darum zu unverletzlichen und unveräusserlichen Menschenrechten als Grundlage jeder menschlichen Gemeinschaft, des Friedens und der Gerechtigkeit in der Welt.
> (III) Die nachfolgenden Grundrechte binden Gesetzgebung, vollziehende Gewalt und Rechtsprechung als unmittelbar geltendes Recht.

Im Sinne von Art. 1 GG ist Würde haben gleichbedeutend mit Rechtssubjekt sein. Kein Mensch ist bloss Objekt. Der Mensch existiert in keiner Phase seines Lebens ohne Würde, auch kommt sie allen Menschen in gleicher Weise zu.[107]

Ab den 70er Jahren entstanden etliche Verfassungen, die in einem allgemeinen Sinn Bezug auf die Menschenwürde nehmen, z.B. in Schweden, Griechenland, Portugal, Spanien und Israel. In Europa gipfelte die Entwicklung im Vertrag über die Verfassung der Europäischen Union und in deren Grundrechtsteil, der Charta der Grundrechte. Ihr Art. 2 nennt die Menschenwürde an erster Stelle einer Reihe von Werten, auf denen die Union ruht. Die Charta enthält ein erstes Kapitel, das mit «Menschenwürde» überschrieben ist.[108]

Art. 7 der schweizerischen Bundesverfassung (BV) vom 1. Januar 2000 lautet: «Die Würde des Menschen ist zu achten und zu schützen.»

Dieser Artikel entspricht materiell dem früher ungeschriebenen Verfassungsgrundsatz der Menschenwürde. Der verfassungsrechtliche Schutz der Würde des Menschen geht zurück auf den kategorischen Imperativ des Philosophen Immanuel Kant.[109] Die Kernaussage der Menschenwürde-Formel liegt darin, dass Menschenwürde verlangt, den Menschen nie als Objekt, sondern immer als Subjekt zu behandeln.[110]

Systematisch steht die Aussage über die Würde innerhalb des Grundrechtskatalogs der Verfassung an erster Stelle, was darauf hindeutet, dass sie als selbständiges Grundrecht zu verstehen ist.[111]

Die Würdenorm beinhaltet zwei Gebote: ein Achtungsgebot, das dem Staat verbietet, den Persönlichkeitswert des Menschen zu verletzen, und eine Schutzpflicht, die ihm gebietet, Übergriffe Dritter in die Persönlichkeit des einzelnen Menschen abzuwehren.[112]

4. Was heisst «Sterben in Würde», und wie ist es möglich?

Die Fragen nach dem eigenen Tod und der Wunsch nach einem sanften, ruhigen, friedlichen Hinscheiden bewegen viele Menschen. Die Auseinandersetzung mit dem eigenen Sterben ist oft geprägt durch Befürchtungen und Ängste, die mit der Vorstellung eines würdelosen und leidvollen Sterbenmüssens in Verbindung gebracht werden.[113] «Ich habe keine Angst vor dem Tod, jedoch vor dem Sterben» – diesen Satz hört die Hospiz-Mitarbeiterin Irene Söndgen in vielen Einzelgesprächen mit Schwerstkranken und Sterbenden gleich zu Beginn. Für Söndgen stehen zwei Grundängste von Sterbenden im Vordergrund: Angst vor unerträglichen Schmerzen und Angst vor Einsamkeit z.B. davor, im Sterben alleingelassen zu werden.[114]

Es versteht sich von selbst, dass wir alle ein schmerz-, angst- und beschwerdefreies Sterben erhoffen. Die Realisierung dieses Wunsches ist aber oft nicht leicht zu bewerkstelligen, denn dem vielzitierten Satz des Arztes und Medizinhistorikers Sherwin B. Nuland «Im Grossen und Ganzen ist das Sterben mühsam»[115] kann eine Berechtigung nicht abgesprochen werden.

Für viele Schwerstkranke und Sterbende gestaltet sich die letzte Wegstrecke ihres Lebens in ganz besonderem Masse schwierig. Man denke etwa an die Gruppe von Langzeitkranken, die oft monatelang Phasen von Hoffnung und Verzweiflung bis zum Sterben durchlaufen müssen, in denen sie der medizinischen, pflegerischen und begleitenden Betreuung unbedingt bedürfen.[116] Seit dem letzten Jahrhundert hat in entwickelten Ländern die Mehrheit der Bevölkerung eine hohe Lebenserwartung. Zudem haben die Fortschritte der Medizin dazu geführt, dass immer mehr Krankheiten heilbar oder behandelbar geworden sind, was eine Zunahme von chronischen, fortschreitenden Krankheiten und medizinisch komplexen Situationen mit sich brachte. So kann es geschehen, dass diese Entwicklung zu einer Verlängerung des Sterbeprozesses und damit des Leidens führt.[117]

Dass zwischen Wunschvorstellung und Realität des Sterbens eine Diskrepanz besteht, zeigt die folgende Tatsache: Obwohl sich viele Menschen einen schnellen Tod wünschen, betreffen diesen nur etwa 10 % aller Todesfälle, bei etwa 20 % zieht sich die Krankheits- und Pflegephase über einen kurzen bis mittellangen Zeitraum (z.B. bei Krebserkrankungen), bei weiteren 20 % über eine längere Pflegeabhängigkeit hin (z.B. bei Herz- und Kreislauferkrankungen), und ca. 50 % sterben meist hochbetagt und an mehreren Krankheiten leidend nach einer über Jahre andauernden Pflegebedürftigkeit.[118]

Zwar können die biologischen Begebenheiten der menschlichen Existenz nicht wesentlich geändert werden, d. h. das langsame, durch Krankheiten verursachte Sterben ist und bleibt eine biologische Realität, woran auch die moderne Medizin nichts zu ändern vermag. Angesichts der erwähnten Tatsachen fanden aber bereits ab den 50er Jahren Reflexionen über die Sterbehilfepraxis statt, und es wurden Anstrengungen unternommen, die Situation für Sterbende durch Einrichtung von ambulanten und stationären Hospizdiensten zu verbessern.[119] Auf der Grundlage der Hospizarbeit entstand in der Folge die moderne Palliative Care im Sinne eines umfassenden Betreuungs- und Begleitungskonzepts für Schwerstkranke und Sterbende.

Betrachten wir die Entwicklung der Palliative Care in der Schweiz, ist unübersehbar, dass es immer wieder zu Initiativen von Bürgerinnen und Bürgern zur Unterstützung von Palliative Care gekommen ist. Auch private Vereine, Stiftungen und Organisationen (z.B. die Schweizerische Gesellschaft für Palliative Medizin, Pflege und Begleitung) haben Palliative Care gefördert.

Als ein wichtiger Markstein auf dem Weg zur modernen Palliative Care ist die am 30. Juli 1980 lancierte Volksinitiative «Recht auf Leben» zu betrachten. Ziel der Initiative war es, die Schutzwirkung des Rechts auf Leben vor allem auch auf den Sterbenden zu richten. Auch im Kranken und Sterbenden müsse die Würde des Menschen als oberste Norm staatlichen Handelns respektiert werden. Zudem sollte durch eine wirksamere Gesetzgebung für eine menschenwürdige Behandlung von chronisch Kranken gesorgt werden.[120] Hauptinitiant war der Zürcher Rechtsprofessor Dr. Werner Kägi.[121]

Die Hospizidee wird dem Prinzip der Menschenwürde und des Lebensschutzes in besonderer Weise gerecht, sie schlägt den Bogen zum ursprünglich christlichen Würdeverständnis, in christlicher Terminologie einfach ausgedrückt: tätige Nächstenliebe.[122] Aus dieser Sicht haben sich insbesondere die Kirchen und weitere Kreise für die Anerkennung und Förderung von Palliative Care eingesetzt. Höchst beeindruckend unter den Verlautbarungen der katholischen Kirche in Bezug auf Palliative Care ist das «Gemeinsame Hirtenschreiben der Bischöfe von Freiburg, Strasbourg und Basel» vom Juni 2006. Die Bischöfe führen u. a. aus: «Das Sterben ist nicht einfach das Ende, sondern selbst ein Teil des Lebens. Im Tod geht es um die irdische Vollendung des Lebens, die von jedem Menschen, soweit es die Umstände seines Sterbens erlauben, bewusst angenommen werden soll. Dazu bedürfen Sterbende der Hilfe und Unterstützung in vielfacher Form. Ein humaner Sterbebeistand, der diesen Namen verdient, verfolgt das Ziel, einem sterbenden Mitmenschen Raum für die Annahme seines eigenen Todes zu gewähren. Sie belässt ihm das Recht auf das eigene Sterben – nicht nach der Art der manipulierten Selbsttötung, sondern im Sinn einer bewussten Annahme des Todes. Von Seiten der Ärzte, Pflegekräfte und der Angehörigen soll dies durch wirksame Schmerzlinderung, aufmerksame medizinische Pflege und mitmenschliche Nähe unterstützt werden.»[123]

In hohen Masse eindrücklich sind auch die Ausführungen der evangelisch-reformierten Landeskirche des Kantons Zürich über die Würde des Menschen und Palliative Care: «Gemäss christlichem Glauben hängt die Würde des Menschen aber nicht von Eigenschaften wie Vernunft, Verantwortlichkeit und Autonomie ab. Die Würde des Menschen ergibt sich allein aus dem gnädigen Handeln Gottes und seiner Zuwendung zu den Menschen – ungeachtet ihrer Eigenschaften, ihrer Handlungen oder ihres gesundheitlichen Zustandes. Hier wirkt ein Menschenbild, welches um die Angewiesenheit, Bedürftigkeit und Verletzlichkeit der Menschen weiss. Es ist ein realistisches Menschenbild, weil es diese zum menschlichen Leben gehörenden Sachverhalte nicht ausblendet. Im solidarischen und seelsorgerlichen Begleiten erinnern Menschen an diese Sachverhalte und sprechen sich gegenseitig Würde zu.»[124]

Von massgeblicher Bedeutung für die Anwendung von Palliative Care im medizinischen Alltag aller Fachbereiche sind die vom Senat der Schweizerischen Akademie der Medizinischen Wissenschaften (SAMW) am 23. Mai 2006 genehmigten «Medizinisch-ethische Richtlinien und Empfehlungen Palliative Care», auf die im weiteren Verlauf ausführlich Bezug genommen werden wird (online abrufbar unter www.samw.ch).

Versuchen wir vor dem Hintergrund der angeführten Überlegungen nun eine Antwort auf die Frage, was Sterben in Würde eigentlich ausmache, könnte sie lauten: Menschenwürde und die umfassende Palliative Care-Betreuung von Schwerstkranken und Sterbenden hängen eng zusammen: Zunächst umfasst eine humane Sterbebegleitung die medizinische, pflegerische, seelsorgerische und soziale Betreuung, um das Leiden möglichst erträglich zu machen und Lebensqualität bis zuletzt zu bewahren, wodurch die Grundvoraussetzungen für ein «menschenwürdiges Sterben» als letzte Phase des menschlichen Lebens geschaffen werden.[125] Eine kanadische Studie belegt, dass die Mehrzahl terminal kranker Patienten, die palliative Betreuung erhielten, trotz krankheitsbedingten Belastungen ein ausgeprägtes Gefühl von Würde aufrechterhielten. Diejenigen Patienten, die dennoch das Gefühl des Würdeverlusts berichten, hatten zugleich das Empfinden, entwertet, beschämt oder peinlich berührt zu sein. Patienten, die sich in ihrer Würde beeinträchtigt sahen, berichten von einer stärkeren Todessehnsucht und einem deutlicheren Verlust an Lebenswillen.[126]

Eberhard Schockenhoff betont die eminente Bedeutung von Palliative Care, ist doch gerade eine wie vorn ausgefaltete menschliche Sterbehilfe im umfassenden Sinne «eine strikte Pflicht der Gerechtigkeit, die ebenso wie die Gesundheitsvorsorge und die Einrichtungen der kurativen Medizin zu den Gemeinschaftsaufgaben einer humanen Gesellschaft gehört»[127].

III. Palliative Care als ganzheitliches Versorgungskonzept

1. Ausgewählte Definitionen der Palliative Care

Der englischsprachige Terminus Palliative Care im umfassenden Sinne ist der Überbegriff für Palliative Medizin, Pflege und Begleitung.[128] Da es keinen gleichbedeutenden deutschen Begriff gibt, hat sich der Begriff Palliative Care auch im Deutschen etabliert. «Palliativ» (die Beschwerden einer Krankheit lindernd) stammt vom lateinischen *pallium* ab, das einen mantelartigen Überhang bezeichnete. Das Englische *Care* steht für Fürsorge, Pflege im umfassenden Sinn.[129] Palliative Care geht auf den kanadischen Urologen und Onkologen Dr. Balfour Mount zurück, der diesen Ausdruck im Jahr 1975 prägte.[130] Im deutschsprachigen Raum werden die Begriffe Palliativmedizin, Palliativbetreuung oder Palliativversorgung synonym verwendet.[131]

1990 definierte die WHO Palliative Care als aktive und umfassende Behandlung und Betreuung für Patienten, deren Erkrankung auf kurative Massnahmen nicht mehr anspricht. Im Vordergrund stand die Kontrolle von Schmerzen und anderen Symptomen sowie von seelischen, sozialen und spirituellen Problemen, um bestmögliche Lebensqualität für Patient und Angehörige zu erreichen. Die WHO-Definition von 2002 ergänzte dann die frühere Definition um folgende Aspekte: Ein Team steht zur Verfügung, damit der Unterstützungsbedarf der Patienten und ihrer Familien gedeckt werden kann, und zwar einschliesslich der Trauerarbeit, wenn diese indiziert ist; die Lebensqualität wird unterstützt; die palliative Versorgung wird bereits zu einem frühen Zeitpunkt der Erkrankung eingesetzt und zwar auch in Verbindung mit Therapien mit dem primären Ziel der Lebensverlängerung.[132]

Neben der WHO-Definition wird oftmals auch auf die Definition der Schweizerischen Gesellschaft für Palliative Medizin, Pflege und Begleitung (2005) rekurriert. Sie lautet: «Die palliative Medizin, Pflege und Begleitung (Palliative Care) strebt mit einem umfassenden Ansatz eine möglichst hohe Lebensqualität für den Patienten während des gesamten Verlaufes jeder unheilbaren, fortschreitenden Krankheit an, ihr Schwerpunkt liegt aber in der Zeit, in der Sterben und Tod absehbar sind. Sie will dem Patienten durch eine optimale Symptomlinderung und Unterstützung im sozialen, seelischen und religiös-spirituellen Bereich das Leben erleichtern und ihn begleiten bis zu seinem Lebensende. Palliative Care hat nicht in erster Linie das Bekämpfen der Krankheit zum Ziel, sondern das bestmögliche Leben mit ihr. Dabei bezieht sie auf Wunsch auch die Angehörigen ein, unterstützt und begleitet sie.»[133]

Auf der Basis dieser Definitionen ermöglicht eine umfassende fachgerechte palliative Behandlung und Betreuung den an einer progredienten, unheilbaren Krankheit leidenden Menschen ein Leben und ein Sterben in Würde.[134]

Der Senat der Schweizerischen Akademie der Medizinischen Wissenschaften (SAMW) hat am 23. Mai 2006 eigenständige medizinisch-ethische Richtlinien für den Bereich Palliative Care verabschiedet. In diesen Richtlinien zu Palliative Care wird darunter «eine umfassende Behandlung und Betreuung von Menschen mit unheilbaren, lebensbedrohlichen oder chronisch fortschreitenden Krankheiten verstanden. Ihr Ziel ist es, den Patienten eine möglichst gute Lebensqualität bis zum Tod zu ermöglichen. Dabei soll Leiden optimal gelindert und entsprechend den Wünschen des Patienten, auch soziale, seelisch-geistige und religiös-spirituelle Aspekte berücksichtigt werden. Qualitativ hoch stehende Palliative Care ist auf professionelle Kenntnisse und Arbeitsweisen angewiesen und erfolgt soweit möglich an dem Ort, den der Patient sich wünscht»[135].

Im Unterschied zu den Definitionen der SGPMPB und der WHO wird in der Definition der SAMW die Unterstützung und Begleitung von Angehörigen nicht zu den Kernaufgaben der Palliative Care gezählt. Die Mitbetreuung der Angehörigen ist zwar empfehlenswert und wichtig, aber nicht spezifisch für Palliative Care. Der Fokus der Richtlinien der SAMW liegt auf dem Patienten. Im Sinne einer umfassenden Betreuung des Patienten wird die Begleitung der Angehörigen in unterschiedlichen Kapiteln erwähnt.[136]

2. Was ist Palliative Care?

Palliative Care ist mittlerweile ein weltweit bekanntes Konzept, das die WHO in verschiedenen Definitionsschritten gesetzt, modifiziert und neueren Entwicklungen angepasst hat.[137] Palliative Care ist allerdings in Definitionen allein schwer zu fassen. Demzufolge wurden zwei wichtige Interpretationen der Palliative Care entwickelt, die einerseits die Haltung von Personen erschliessen und umschreiben helfen und andererseits die kulturprägenden Orientierungen in Organisationen feststellen und formulieren.[138]

a) Haltungen in der Palliative Care
Es versteht sich von selbst, dass Palliative Care auf wichtigen Kompetenzen wie Wissen, Fachkenntnissen und Fertigkeiten beruht. Gleichzeitig aber fordert sie eine «Haltung, welche die Bereitschaft zur respektvollen zwischenmenschlichen Begegnung, die Sicht für die Einzigartigkeit des Menschen und die Wertschätzung von unscheinbaren Dingen einschliesst»[139].

Palliative Care als Haltung beinhaltet die Einsicht, dass wir Schmerzen und Leiden zwar nicht und nie vollständig aus der Welt schaffen, sie aber erträglicher gestalten können, indem die Bedingungen des Leidens verändert werden.[140]

Palliative Care als umfassendes Handeln ist Teamarbeit, weshalb Kommunikation als «gelebter Ausdruck einer inneren Haltung» nicht allein im Umgang der Betreuenden mit dem Patienten und seinen Angehörigen, sondern genauso mit und im Palliativ Care-Team zum Tragen kommen muss.[141] Helfen am Lebensende sollte in einem Zusammenspiel der Disziplinen (Interdisziplinarität), der Berufe und Berufsgruppen und der freiwillig Helfenden (Interprofessionalität) erfolgen. Selbstverständlich ist, dass die Verschiedenheiten in den religiösen, kulturellen und weltanschaulichen Auffassungen respektiert und anerkannt werden. Auf diese Weise kann es am Lebensende von Menschen gelingen, den Ausspruch von Klaus Dörner «Die Kranken, Alten und Schwachen zu schützen ist die Würde der Gesunden» in die Wirklichkeit umzusetzen.[142]

Cornelia Knipping möchte Palliative Care von einem Haltungskonzept her verstanden wissen, das den Menschen in seiner Ganzheit und Einzigartigkeit, vor allem aber in all dem sieht, was ihn als Menschen körperlich, spirituell, geistig usw. ausmacht. Bei diesem Haltungskonzept geht es insbes. darum, den todkranken und sterbenden Menschen zu allererst von seiner ganzen Lebensgeschichte, seinem Schicksal, seinen Gefühlen und Gedanken her wahrzunehmen, ihm zuzuhören und sich in seine Situation hineinzuversetzen, um seine Bedürfnisse und Ängste erkennen und verstehen zu können, es geht darum, mit dem Sterbenden ein Bündnis einzugehen, das auf Verlässlichkeit und Treue gründet, und ihm die Botschaft zu vermitteln: «Ich bin da». Diese Haltung liegt voll und ganz im Sinne von Cicely Saunders, wenn sie sagt: «Was sterbende Menschen am meisten brauchen ist ein Arzt (Schwester, Angehöriger), der in ihnen einen Mitmenschen sieht. Zumindest das können wir tun: bei ihnen sein, ihnen beistehen.»[143]

b) Das Konzept *Total Pain* – ein zentrales Prinzip von Palliative Care

In den 60er Jahren des 20. Jahrhunderts hat Cicely Saunders den Begriff *Total Pain* (totaler Schmerz) geprägt. Er beinhaltet den physischen, psychischen, sozialen und spirituell-religiösen Schmerz eines Menschen und betrifft damit auch die Dimensionen einer umfassenden Palliative Care, deren Eckpfeiler Behandlung, Pflege und Begleitung sind. Cicely Saunders sieht in der Antwort der Gesunden auf den Schmerz Schwerkranker, Sterbender und ihrer Angehörigen einen Indikator für unseren Respekt vor der Würde des Menschen – und damit auch unserer eigenen.[144] Total Pain berücksichtigt auch die grosse Bedeutung der psychosoziologischen Komponenten, besonders in den Fällen, da der körperliche Schmerz trotz allen Bemühungen schwer kontrollierbar ist. Dann treten andere Komponenten desselben Schmerzes in den Vordergrund.[145]

Der seelische Schmerz
Die meisten Schwerkranken und Sterbenden durchlaufen verschiedene Stadien in irgendeiner Form und Reihenfolge: erste Reaktion auf eine schlimme Diagnose ist Ungläubigkeit und Abwehr, dann kann es in einem anderen Stadium zu «Sehnsüchten» und Widerständen des Patienten kommen, z. b. zur Wut über das, was ihm geschieht sowie zu Schuldzuweisungen an die Behandelnden, die Angehörigen und das Schicksal. Weiteres Stadium ist dasjenige der «Traurigkeit», d. h. der Patient verliert die Hoffnung, resigniert und versinkt in Verzweiflung und Depression. Viele Sterbepatienten werden in den verschiedenen Stadien von Ängsten gequält: Sorgen um die Zukunft von Personen, die von ihnen abhängig sind, Angst vor Verlust, vor Schmerz und körperlicher Schwäche sowie Angst vor dem Geheimnis des Todes und davor, es nicht bewältigen zu können.

Der soziale Schmerz
Wenn ein Patient zuhause gepflegt wird, kann dies für ihn und seine Angehörigen zu grossen emotionalen Belastungen führen, aber auch dazu, dass der Abschied vorbereitet sowie gewisse «Fehler» der Vergangenheit aufgearbeitet und unerledigte Angelegenheiten erledigt werden können. Viele Menschen haben schreckliche Vorstellungen vom Sterben, und die wachsende Abhängigkeit und körperliche Schwäche des Sterbepatienten können diese Vorstellungen verstärken. Es gibt zahlreiche Angehörige, die nicht wissen, dass das Sterben bei den meisten Patienten – eine kompetente Pflege vorausgesetzt – ruhig verläuft. Sie hegen daher unnötige Befürchtungen, die ihren Kummer und ihre Ängste noch verstärken. Es gibt auch Fälle, in denen der Patient über finanzielle und andere Familienfragen im Dunkeln gelassen wird, sodass er zusätzlich zur Krankheit oft noch unter der Angst leidet, andere womöglich beleidigt oder gekränkt zu haben. Auch die Trauer der Angehörigen ist ein Teil des «totalen Schmerzes», dem man im Umgang mit dem Sterbepatienten begegnet.

Der geistige Schmerz

Schuldgefühle und Selbstzweifel («Wenn ich doch nur ...»; «Ich wünschte, ich hätte ...») können bei vielen Patienten tatsächlich zu grossen psychischen Leiden führen. Das Gefühl der Bedeutungslosigkeit, die Angst, dass weder dem Selbst noch dem Universum irgendein greifbarer Sinn oder Zweck innewohnt, gehört ebenfalls zum geistigen Schmerz. Die Bitte von Sterbenden an die Pflegenden «Bleiben Sie bei mir» heisst nicht «Vertreiben Sie mir meine düstere Gedanken», sondern es geht dem Sterbenden darum, mit den Zweifeln nicht allein gelassen zu werden, sie auszusprechen und mit einem anderen Menschen teilen zu können.

3. Das Phänomen Schmerz in der palliativen Betreuung

a) Wesen des Schmerzes

Schmerz stellt eine unangenehme körperliche Erfahrung dar, die auf verschiedenste Weise beschrieben und ausgedrückt werden kann. Dies geschieht vielfach anhand von Bildern und Symbolen, die aber in der Mehrzahl auf die Art des Empfindens von Schmerz durch den Betroffenen und nicht auf den Schmerz als solchen hinweisen.[146] Nach Cicely Saunders umfasst der Schmerz sowohl die unangenehme körperliche Empfindung als auch die emotionale Reaktion auf diese Empfindung. Der Schmerz ist somit eine somatopsychische Erfahrung.[147] Er ist ein duales Phänomen.[148]

Versucht man, den Schmerz in eine Definition zu fassen, stellt man zugleich fest, dass das Erleben der Erfahrungsqualität von Schmerz immer mehrdimensional ist. Sowohl Ursachen, Auslöser und Wahrnehmung als auch der jeweils individuelle Umgang mit dem Schmerz sind so vielfältig, weil er bei jedem einzelnen Patienten immer wieder neu, einmalig und einzigartig vorkommt.[149]

Zu allen Zeiten haben sich Schriftsteller, Philosophen, Theologen, Bildhauer und Maler mit dem Phänomen Schmerz befasst

und sich mit seinem Wesen auseinandergesetzt; so hat z. B.
Siegfried Lenz in seinem 1998 publizierten Essay «Über den
Schmerz» nachgedacht. Dabei führt der Autor im Wesentlichen
aus, als Schriftsteller habe ihm seit je der Schmerz zu denken
gegeben, der aus der Sprachnot, aus der Verständigungsnot ent-
stehe. «In eine extreme Situation geschossen, stellen wir auf
einmal fest, dass wir der Welt nicht gewachsen sind, weil wir
uns nicht verständlich machen können. Plötzlich sind wir nicht
mehr in der Lage, unsere Wünsche, unsere Missgeschicke,
unsere Bitten zu erklären, können wir uns weder rechtfertigen
noch Zeugnis ablegen»[150]. Nach Lenz ist der Schmerz sowohl
körperlich als auch psychisch.[151] «Der Schmerz als Erlebnis ist
mehrdimensional, er ist, wie ein Forscher feststellte, nicht nur
ein Problem, sondern auch ein Geheimnis»[152].

Den abgründig sprachlosen Schmerz hat Ingeborg Bachmann
in ihren unveröffentlichten Gedichten ergreifend zum Ausdruck
gebracht z. B. mit den Worten:

«Meine Gedichte sind mir abhanden gekommen.
Ich suche sie in allen Zimmerwinkeln.
Weiss vor Schmerz nicht, wie man einen Schmerz
aufschreibt, weiss überhaupt nichts mehr.»[153]

«… ich verlier alles,
ich verlier nur nicht
das Entsetzen, dass
man seine Schreie verlieren
kann jeden Tag und
überall»[154]

b) Schmerzdefinitionen

Schon immer wurde versucht, den Schmerz zu verstehen und
ihn zu bekämpfen. Die aktuellste und am weitesten verbreitete
Definition von Schmerz stammt von der «International Asso-
ciation for Study of Pain» aus dem Jahr 1986. Darin wird
Schmerz umrissen als «unangenehmes Sinnes- und Gefühlser-
lebnis, das mit aktueller oder potenzieller Gewebeschädigung

verknüpft ist oder mit Begriffen einer solchen Schädigung umschrieben wird»[155].

«Schmerzen sind eine subjektive individuelle Empfindung. Es ist nicht möglich, Schmerzen wie Körpertemperatur zu messen.»[156] Der chronische Schmerz ist ein durch Wahrnehmung des Individuums messbares Symptom des Gesamtbeschwerdebildes und daher stets mehrdimensional. Der Teufelskreis «der chronischen Schmerzen von Angst – Spannung – Schmerz mündet häufig in eine unbeherrschbare Schmerzspirale» und der Patient «wird zu einem Leidensbündel».[157]

Dass Schmerzen subjektiv sind, folgt auch aus der Definition der Pflegeforscherin Margo McCaffery: «Schmerz ist das, was der Betroffene über die Schmerzen mitteilt, sie sind vorhanden, wenn der Patient mit Schmerzen sagt, dass er Schmerzen hat.»[158] Dies impliziert, dass, wenn ein Patient sagt, er habe Schmerzen, das Behandlungsteam dies nicht anzweifeln darf und mit ihm darüber einen Dialog suchen muss. Wenn man eine solche Aussage der schmerzgeplagten Person missachten würde, käme dies einer Verletzung der Würde und des Respektes gegenüber dem Menschen gleich.[159]

Zwischen dem akuten und dem chronischen Schmerz gibt es nach Cicely Saunders Unterschiede: Der chronische Schmerz von Krebspatienten ist nicht vergleichbar mit dem akuten Schmerz bei Verletzungen, der leichter verstanden und ertragen werden kann. Der chronische Schmerz ist gekennzeichnet dadurch, dass er meist ständig da ist, sich in seiner Intensität tendenziell verstärkt und mit anderen unangenehmen körperlichen Symptomen verbunden ist.[160]

Der chronische Schmerz nimmt innerhalb der verschiedenen Schmerzzustände eine Sonderstellung ein, denn er kann ja nicht losgelöst werden von der zugrunde liegenden Erkrankung.[161] Bereits zum Zeitpunkt der Diagnose leiden 43 % der Tumorpatienten unter Schmerzen. Im fortgeschrittenen Stadium geben über 80 % der Patienten Schmerzen an.[162] Studien haben ergeben, dass bei daheim lebenden älteren Menschen, die ambulante Pflegeangebote in Anspruch nehmen, 39 % der 62- bis 74-Jährigen, 49 % der 75- bis 84-Jährigen und 41 % der über 85-Jährigen unter täglichen Schmerzen leiden, nur 21 % der über 85-Jährigen aber werden mit einem Schmerzmittel versorgt. In Pflegeheimen leiden zwischen 45 und 80 % der Bewohner an täglichen Schmerzen. Mit zunehmender Todesnähe steigt die Schmerzhäufigkeit weiter an. Auch der Schmerz im Sinne der *Total Pain* gewinnt im Alter noch an Bedeutung.[163]

Im Krankheitserleben nimmt der chronische Schmerz häufig eine autonome Form an und wird zur eigentlichen Schmerzkrankheit in der ihr zugrunde liegenden Krankheit.[164] Georges C. M. Evers nennt in seinem Geleitwort zu McCaffery den chronischen Schmerz «eine der am stärksten mit Angst besetzten menschlichen Erfahrungen».[165]

c) Bedeutung des Schmerzassessments
Der chronische Schmerz als Symptom, als Pflegediagnose, als tumor- oder therapiebedingtes Phänomen oder als Begleitleiden beim Älterwerden bedarf prioritär einer sorgfältigen Abklärung der Schmerzursache sowie einer umfassenden Einschätzung der Gesamtsituation des Betroffenen und seines Umfeldes. Mit dem Assessment (Erfassung, Einschätzung, Beurteilung) einer Patientensituation wird beabsichtigt, möglichst rasch und gezielt zu erfassen, welche Behandlung und Begleitung die betroffene Person benötigt.[166] Der Patient erkennt, dass Schmerzen nicht einfach hingenommen werden müssen und er darüber reden *darf* und *soll!* Wegen der oft verminderten Schmerzäusserung älterer Menschen kommt einer systematischen, «angepassten Schmerzerfassung» eine zentrale Bedeutung zu.[167] Im Einzelnen:
- Erhebung einer medizinischen Anamnese
- Erhebung einer Schmerzanamnese
- Erhebung einer Pflegeanamnese
- Algesimetrie (Messung von Schmerzintensität und Schmerzempfindsamkeit)
- Dokumentation und Evaluation eines Schmerzverlaufsprotokolls[168]

Die Qualität eines professionellen Assessments, in dem die betroffene Person mit ihren physischen, psychischen, sozialen, spirituell-religiösen Problemen und Ressourcen erfasst wird, entscheidet über eine erfolgreiche Schmerztherapie.[169]

d) Fachlich kompetente Schmerztherapie und effiziente Symptomkontrolle

Die Linderung von Krankheitssymptomen – insbesondere Schmerz und Ängste – gehört zu den ältesten und vornehmsten Aufgaben der abendländischen Medizin. Das gilt bei akuten und chronischen Krankheiten unabhängig von ihrer Prognose, selbstverständlich aber auch bei Kranken, deren Leiden irreversibel ist und in absehbarer Zeit zum Tode führen wird. Anders als bei günstiger Prognose besteht das Behandlungsziel dann darin, den Kranken in ihrer letzten Lebenszeit ein möglichst grosses Mass von Schmerz- und Leidensfreiheit zu verschaffen.[170]

Die ganzheitliche Schmerztherapie gründet vor allem auf Forschungen der Hospizbewegung.

Insbesondere im St. Christopher's Hospice haben Cicely Saunders und ihr Team im Rahmen von Forschungen Pionierarbeit im Bereich des Schmerz- und Symptommanagements geleistet.[171]

Im Jahr 1958 beschrieb Cicely Saunders in einer veröffentlichten Dokumentation die erfolgreiche Behandlung schwerster Schmerzzustände bei 800 Krebspatienten. Saunders revolutionierte die Schmerztherapie, indem sie alle vier statt – wie üblich – nur alle sechs Stunden das starke Schmerzmittel Morphin verabreichte, um den Schmerz vor seinem erneuten Auftreten abzufangen. Saunders hat damit eine pragmatische Optimierung der längst bekannten Opiat-Therapie vorgenommen und erreicht, dass Millionen Kranke seither die letzte Zeit ihres Lebens mit weniger Schmerzen verbringen konnten.[172]

Die Schmerzbehandlung sollte unverzüglich eingeleitet werden. Wichtig ist die Einschätzung der Schmerzintensität auf einer Schmerzskala in erster Linie einmal durch den Patienten selbst, dann aber auch durch Fremdeinschätzung (Arzt, Pflegefachperson).[173]

Roland Kunz nennt insbesondere zwei Prinzipien einer guten medikamentösen Schmerztherapie:

- Die Therapie muss durch den Mund oder im weitesten Sinne durch den Darm erfolgen.
- Schmerzmittel müssen regelmässig und nicht nach Bedarf verabreicht werden.[174]

Zur Behandlung von starken Schmerzen werden – nebst vielen anderen Medikamenten – Morphin und ähnliche Mittel (Opiate) eingesetzt.[175]

Es kommt oft vor, dass eine optimale Schmerzbehandlung deshalb erschwert oder gar unmöglich wird, weil Menschen diesen Schmerzmitteln mit negativen Vorurteilen und falschen Vorstellungen begegnen («Morphin macht süchtig» oder «Morphin hat Nebenwirkungen, gegen die man nichts tun kann»). Im Gespräch mit Patienten und Angehörigen muss diesen klärend begegnet werden. Denn die einzige immer auftretende und belastende Nebenwirkung von Morphin sind Verstopfungen, denen aber wirksam vorgebeugt werden kann.[176] Daneben haben umfangreiche klinische Erfahrungen mit dem indizierten Einsatz von Opioiden gezeigt, dass psychische Abhängigkeit bei Patienten mit Tumorerkrankungen und Schmerzen kein klinisch relevantes Risiko ist.[177] Die Therapie mit Opioiden kann über Monate, ja Jahre hinweg effektiv geführt werden ohne organische Beeinträchtigung.[178]

Das wichtige Konzept Symptomkontrolle (auch Symptommanagement genannt) beinhaltet die gezielte Vermeidung, Erfassung und Behandlung körperlicher Beschwerden sowie psychischer, sozialer und spiritueller Belastungen.[179]

Zahlreiche Studien haben ergeben, dass sowohl Patienten wie auch ihre Angehörigen und Fachkräfte eine effektive Symptomkontrolle als essenzielle Komponente einer ausgezeichneten palliativen Betreuung betrachten. Nach Clemens u. a. ist es gerade die Einstellung gegenüber der Symptomkontrolle, die Palliativmedizin von klassischer kurativer Medizin unterscheidet.[180]

Unheilbare, fortschreitende Krankheit bringt oft auch mannigfaltige Beschwerden (Symptome) mit sich, die vielgestaltig und komplex sind.[181]

Die folgenden Symptome stehen bei Palliativpatienten im Vordergrund:

Atemnot, Angst, Müdigkeit, Appetitlosigkeit, Depression, Erschöpfung, Mundtrockenheit, Schluckbeschwerden, Schmerzen, Schwindel, Unruhe, Verstopfung, Schwitzen, Vereinsamung, Verwirrung, Schlaflosigkeit, Übelkeit, Erbrechen.[182] Beschwerden führen zu weiteren Beschwerden, so kann z. B. Atemnot Unruhe bringen und Unruhe wiederum zur Schlaflosigkeit führen. Atemnot beeinträchtigt die Lebensqualität und kann Appetitlosigkeit zur Folge haben, auch der Weg zur Depression ist oft nicht weit. Aus der Liste der Symptome wird Müdigkeit als eine der häufigsten Beschwerden bei Palliativpatienten – vor allem bei Krebspatienten – genannt. Diese «unübliche Müdigkeit» wird im deutschsprachigen Raum oft als Fatigue bezeichnet. Fatigue ist der Oberbegriff für eine Vielfalt von Müdigkeitsgefühlen und -manifestationen reduzierter Leistungsfähigkeit auf physischer, mentaler, psychischer oder sozialer Ebene.[183] Eine kompetente Symptomkontrolle in der Finalphase umfasst auch die extrem beängstigende Dyspnoe und das terminale Rasseln («Death Rattle»).[184]

Das Symptommanagement stellt eine besondere, wenn nicht die zentrale Herausforderung für die Betroffenen, ihre Bezugspersonen und die professionellen Akteure im Gesundheitswesen dar. Einbeziehung und Mitwirkung des Kranken ist unumgänglich.[185]

Das Konzept der Symptomkontrolle umfasst verschiedene Komponenten:

- Belastende Symptome müssen frühzeitig und differenziert erfasst und dokumentiert werden.
- Durch gezielten Einsatz medikamentöser und nicht-medikamentöser Massnahmen sollen die Symptome gelindert werden.
- Die getroffenen Interventionen sind regelmässig auf ihre Wirkung hin zu überprüfen.
- Geeignete Selbstpflege- und Selbstmanagementfähigkeiten auf Seiten aller Betroffenen müssen durch Wissensvermitt-

lung, Beratung und Instruktion (Patientenedukation) gefördert werden.[186]

e) Sedierung

Zur näheren Bestimmung des Rahmens, in dem Sedierung hier verwendet wird, folgende Definition: «Medizinisch indizierte Therapieoption am Lebensende, die darauf abzielt, das Bewusstsein des unheilbar kranken Patienten so zu dämpfen, dass er keine Schmerzen oder andere belastende Symptome mehr wahrnimmt.»[187]

Die Sedierung spielt eine zunehmende Rolle zur Behandlung therapierefraktärer Symptome, wenn also kein Mittel zur Linderung verfügbar ist. Und mithilfe von Sedativa kann zudem Angst gemindert werden, da diese Beruhigungsmittel sehr häufig angstlösend wirken und den Patienten in einen ruhigen und entspannten Zustand versetzen, in dem er von körperlichen und unangenehmen geistigen und psychischen Symptomen befreit ist. In der palliativmedizinischen Betreuung sterbenskranker Menschen gibt es einen breiten Konsens darüber, dass im Bemühen um eine adäquate Symptomlinderung der Einsatz von Sedativa in Extremsituationen notwendig ist, durch die die Bewusstseinslage des Patienten eingeschränkt werden kann.[188] Geht man vom Ziel von Palliative Care aus, wonach es gilt, die Fähigkeit des Patienten zur Kommunikation zu erhalten, steht die Sedation eigentlich im Widerspruch dazu. Es gibt aber zweifellos gelegentlich Fälle, bei denen eine zeitlich begrenzte Sedation indiziert ist, um vorübergehend schwer behandelbare Symptome erträglich zu machen, bis entsprechende therapeutische Massnahmen die gewünschte Wirkung bringen. In diesem Fall soll qualitativ und zeitlich nur so weit sediert werden, als dies für die Linderung der Symptome nötig ist.[189]

Bei der Sedierung gibt es verschiedene Tiefen:[190]

Leicht (Somnolenz). Der Patient ist wach, aber sein Bewusstseinsgrad ist reduziert.[191]

Mittel (Stupor). Der Patient schläft, kann aber geweckt werden, um kurzzeitig zu kommunizieren.

Tief (Koma). Der Patient ist bewusstlos und zeigt keine Reaktion auf die Aussenwelt.

Bei therapierefraktären belastenden Symptomen kann auch eine dauerhafte Sedation nötig werden. Eine solche Sedation sollte aber nur mit dem Einverständnis des Patienten durchgeführt werden. Auch muss Klarheit über ein zwischenzeitliches Aufwachen herrschen. Ist der Patient jedoch nicht mehr entscheidungsfähig, sollte die Möglichkeit der Sedation mit dem Patienten vorbesprochen oder Inhalt einer Patientenverfügung sein. Es wird empfohlen, klinikintern ein Entscheidungsprotokoll zu erstellen und zu befolgen.[192]

Es gibt Fälle, in denen gute Gründe dafür sprechen, den Patienten bis zum Tod in einem «künstlichen», d. h. pharmakologisch erzeugten Koma zu belassen, was als tiefe kontinuierliche Sedierung bis zum Tod bezeichnet wird. Aus Sicht des Patienten mag es einen geringen Unterschied bedeuten, ob man von einem gewissen Zeitpunkte an tot oder bis zum Lebensende anhaltend im tiefen Koma sein wird.[193]

Die Sedation hat schon immer zu zahlreichen Diskussionen Anlass gegeben.[194] Das mag damit zusammenhängen, dass diese – wie zahlreiche andere medizinische Handlungen – der Gefahr von Missbräuchen ausgesetzt ist, deren Folgen in verschiedener Hinsicht verheerend sein können.[195] Eine ethische Rechtfertigung der Sedation nehmen Broeckaert u. a. vor, wenn sie auf den sehr deutlichen moralisch relevanten Unterschied zwischen Sedation und Euthanasie (= aktive Sterbehilfe) verweisen. Dieser liegt in der Absicht des Arztes: Bei der aktiven Sterbehilfe besteht die Absicht im Tod des Patienten, und der Tod ist denn auch tatsächlich das unmittelbare Ergebnis der verordneten Medikamente. Bei der Sedation hingegen kann man nicht mit Sicherheit wissen, ob sie die Lebensdauer des Patienten verkürzt, sicher aber ist, dass dies nicht deren Absicht ist.[196] Von eminenter Bedeutung für den Entscheid zur Sedierung ist, dass dabei ausdrücklich jede Absicht der aktiven Tötung des Patienten oder der Beschleunigung des Todeseintritts ausgeschlossen worden ist.[197]

Wenn immer ein medizinisches Verfahren im Spiel ist, das mit dem menschlichen Bewusstsein interagiert,[198] stellt sich das Problem der ethischen Verantwortbarkeit der Handlungen. Das ist auch bei der Sedation der Fall, durch die bei einem Menschen gezielt das Bewusstseinsniveau reduziert oder sogar die Bewusstlosigkeit herbeigeführt wird. Klie/Student gehen auf diese ethische Problematik ein und halten fest, dass es in einigen Fällen einer auf der Intensivstation durchgeführten «Langzeitnarkose», deren Methode und Auswirkungen denen der Sedation ähnlich sind, vorgekommen sei, dass mehrere Patienten im Nachhinein berichtet hätten, «in welch erschreckend hohem Masse sie ihre Umgebung wahrgenommen haben, ohne sich jedoch äussern zu können»[199].

Ohne diesen hochsensiblen Einwänden irgendwie Abbruch tun zu wollen, muss darauf hingewiesen werden, dass es unübersehbar auch Fälle gibt, bei denen es nur mittels Sedation oder sogar nur mit einer tiefen kontinuierlichen Sedation möglich ist, unerträgliche Schmerzen und Auswirkungen quälender Symptome wirksam zu lindern, um so den «am wenigsten schlechten Tod» zu erreichen.[200] Es ist nämlich zu bedenken, dass es «gerade langdauernde Schmerzen» sind, die «einen Menschen zerstören, sein Personsein zutiefst verändern» können.[201]

In jedem Fall muss aber vor einem unkritischen Einsatz der Sedation bei Angst, Stress und Belastung gewarnt werden, da eventuell erst die Bearbeitung dieser psychosozialen Probleme mit einfühlender Begleitung und Unterstützung die Akzeptanz des Sterbens und damit ein für den Patienten und seine Angehörigen zufriedenstellendes Lebensende möglich macht.[202] Für die Betreuenden ist es empfehlenswert, allen Menschen, deren Bewusstsein pharmakologisch getrübt worden ist, mit derselben verbalisierten Achtung (Begrüssung, Ankündigung von Pflegehandlungen, Veränderungen der Atmosphäre usw.) entgegenzutreten, wie sie es bei einem vollständig wachen Patienten tun würden.[203]

Angesichts der ethischen und rechtlichen Grauzone, in der sich die Sedierung, insbesondere die tiefe kontinuierliche Sedierung bewegt, liegt es klar auf der Hand, dass die palliativmedizinische Sedation nur als letzte Möglichkeit eingesetzt werden sollte im Sinne einer Option, die der Arzt dem Patienten mit unerträglichen Schmerzen und Symptomen anbieten kann.[204]

Zu den der Sedation zugrunde liegenden ethischen Prinzipien gehört dasjenige der Proportionalität. Dieses fordert, dass die wahrscheinlichen Vorteile für den Patienten die möglichen Nachteile im aktuellen, individuellen und konkreten Kontext überwiegen. Es muss also das Prinzip der Doppelwirkung herangezogen werden, um die moralische Wertigkeit der Sedierung zu erklären. Diese Regel trifft eine ethische Unterscheidung zwischen einer (guten) Absicht und möglichen schädlichen, jedoch nicht beabsichtigten Folgen dieser Absicht.[205]

Da es sich bei der Sedation um ein potentiell gefahrvolles Verfahren handelt, gilt es, Kriterien der Voraussetzungen, der Entscheidungskriterien, der Technik, der Intention und der ethisch relevanten Aspekte überall dort zu entwickeln, wo Sedation praktiziert wird. Von der Wissenschaft sind gut überlegte Daten zu fordern, die ein rationales Handeln begründen können. Dies deshalb, weil Werthaltungen und Philosophien im hochsensiblen Bereiche des Sterbens transparent sein sollten, wenn ein Verfahren entwickelt wird, das in erster Linie das Bewusstsein eines Menschen am Ende seines Lebens berührt.[206] «BIGORIO 2005 Empfehlungen ‹Palliative Sedierung›», ein Projekt im Rahmen der Qualitätsförderung von Palliative Care in der Schweiz, beschreibt den Konsens einer Expertengruppe von *palliative ch*, der Schweizerischen Gesellschaft für Palliative Medizin, Pflege und Begleitung zur *best practice* für Palliative Care in der Schweiz. Der Text wurde erarbeitet, um eine Hilfestellung in schwierigen Situationen am Lebensende von Patienten zu bieten.

4. Palliativpflege

Das Ziel von Palliativpflege ist es, «Patienten im fortgeschrittenen Stadium einer inkurablen Erkrankung durch eine fachlich fundierte, ganzheitliche, individuelle und fantasievolle Pflege eine möglichst hohe Lebensqualität unter grösstmöglicher Selbstbestimmung zu garantieren»[207].

In der Praxis hat sich gezeigt, dass Menschen mit unheilbaren, chronisch fortschreitenden Erkrankungen häufig in zunehmendem Masse der Hilfestellung und Pflege bedürfen. Die Palliativpflege ist im Rahmen umfassender Palliative Care zu einem wesentlichen Baustein in der Begleitung geworden.[208] In allen Ländern (Deutschland, Österreich, Grossbritannien, Kanada, USA u. a.) wird der Pflege innerhalb von Palliative Care eine besondere Bedeutung beigemessen.[209]

Im Rahmen von Palliative Care ergibt sich ein Pflegekonzept, das sich aufgrund der Eingrenzung auf bisher wenige Krankheitsbilder und die begrenzte Lebenszeit des Kranken von anderen Pflegekonzepten unterscheidet. Um den Fragen und Bedürfnissen von Schwerstkranken und Sterbenden gerecht werden zu können, ist eine besondere Vielseitigkeit nötig, die eine fachübergreifende Kompetenz der Pflegekräfte erfordert.[210]

Nach Auffassung der Pflegewissenschaftlerin Silvia Käppeli unterscheidet sich die inhaltliche Ausrichtung der Pflege in der Palliative Care von der Pflege in anderen Kontexten teilweise prinzipiell, teilweise graduell. Dies deshalb, weil es auch innerhalb von Palliative Care akute Phasen (Schmerzzustände, Atemnot, emotionale Zusammenbrüche, spirituelle Krisen) und Notfallsituationen (Blutungen, Darmverschluss etc.) gibt. Entsprechend können auch in diesem Rahmen hochtechnologisierte Medizin und Intensivpflege zum Einsatz kommen, so dass hier ebenfalls eine professionelle Diagnostik nötig ist. Auch können der irreversible Verlauf der Krankheit, ihr Schweregrad, der irreversible Sterbeprozess und der unabwendbare Tod sowie die sich daraus ergebenden Befindlichkeiten des Kranken die Gewichtung bestimmter Prinzipien in der Pflege verändern. Pflege am Lebensende fokussiert auf der Lebensqualität des Schwerstkranken und Sterbenden sowie seiner Angehörigen und unternimmt alles, ihr Leiden und Leid bestmöglich zu lindern; wo Leiden nur bedingt gelindert werden kann, gilt es besonders, den Leidenden fürsorglich zu begleiten.[211] Hohe

Anforderungen an die Pflegenden stellt vor allem auch die Palliativpflege schwerst dementer Menschen.[212]

Für Pflegende in der Palliative Care ist daher eine Kompetenz der Pflegekräfte nötig, die über bisher erlernte pflegerische Aufgaben hinausgeht.[213] Die Pflegenden sollen beispielsweise die Grundregeln der Schmerztherapie so gut kennen, dass sie der Aufgabe einer kompetenten Patientenbeobachtung und -information im klinischen Alltag jederzeit gewachsen sind. Nötig ist auch, dass die Kommunikation mit den Patienten von einer wertschätzenden empathischen Haltung geprägt ist.[214]

Um eine adäquate Pflege zu gewährleisten, ist eine ganzheitliche Wahrnehmung des Schwerstkranken wichtig. Dazu gehört in erster Linie ein Wahrnehmen der Fragestellungen, Probleme und Bedürfnisse des Patienten und seines Umfelds. Darüber hinaus muss es zu einer Auseinandersetzung mit Möglichkeiten und Grenzen der Begleitung sowie der Ressourcen von Patient und Familie kommen. Ergänzt durch Fachwissen und pflegerische Fertigkeiten wird dann eine Umsetzung möglich sein, die positive Akzente setzt.[215]

Die konsequente Behandlung belastender Symptome nimmt in der Palliativpflege einen hohen Stellenwert ein. Sie setzt ebenfalls ein hohes Mass an Fachkompetenz der Pflegenden voraus, denn die Behandlung quälender Symptome und die Aufrechterhaltung des Wohlbefindens des Patienten erfordern ständige Aufmerksamkeit der Pflegekräfte. Die Pflegenden müssen kreativ und flexibel arbeiten können, wenn sie symptomorientierte pflegerische Massnahmen zu treffen haben.[216]

Die Betreuung schwerstkranker und sterbender Menschen lässt sich nur mit einem multidisziplinären Team optimal verwirklichen. Die Linderung und Befreiung von quälenden Symptomen und eine aufrichtige, offene, gleichberechtigte Kommunikation, die den Patienten eine selbstbestimmte Entscheidung ermöglicht, sind daher Ziel aller Berufsgruppen, die im Team arbeiten. Bei der Begleitung der Patienten und ihrer Familien bei psychosozialem Leiden (z. B. Einsamkeit, familiäre Konflikte) nimmt die Soziale Arbeit eine entscheidende Rolle ein. Sozialarbeiter

und Sozialarbeiterinnen gehören denn auch zum multidisziplinären Palliative Care-Betreuungsteam. Dabei stellt die Pflege im
stationären Bereich durch 24-stündige Präsenz von Fachkräften
die grösste Kontinuität dar. Der grosse Vorteil eines Teams
ergibt sich aus der Möglichkeit, dass die Mitglieder einander
angesichts ihrer menschlich anspruchsvollen Aufgabe Halt und
Stütze geben.[217]

5. Spirituelle Begleitung und Seelsorge

Die naturwissenschaftlich begründete moderne Medizin hat zu
einer Trennung von Medizin und Religion geführt. Inzwischen
beginnt man sich aber auch in der medizinischen Wissenschaft
wieder für die religiöse Dimension von Krankheit und Gesundheit zu interessieren.[218] Im ganzheitlichen Ansatz der Palliative
Care, wie ihn die WHO 2002 fordert, wird neben der physischen,
psychischen und sozialen auch die spirituelle Unterstützung
von schwerstkranken und sterbenden Menschen sowie ihren
Angehörigen genannt. Die Berücksichtigung der spirituellen
Bedürfnisse gehört daher zum Konzept einer höchstmöglichen
Lebensqualität für Patienten und Angehörige. Bei der Begleitung
Schwerstkranker und Sterbender geht es nicht nur um (still-
schweigende) Achtung vor deren spirituellen Einstellungen.
Vielmehr sollen Pflegepersonen auch auf die im Patienten verwurzelten spirituellen Kräfte so reagieren können, dass diese zu
bewussten Ressourcen werden, mit denen der Mensch Krankheit und Sterben besser bewältigen kann. Pflegepersonen sollen
aber auch beurteilen können, welche Elemente davon sie sich in
ihrer Rolle für die spirituelle Unterstützung von Patienten
aneignen können und welche von der professionellen Seelsorge
vollzogen werden.[219]

In einer ersten Umschreibung wird «Spiritualität» bezeichnet als
«die innere Einstellung, der innere Geist (lat. ‹spiritus›), mit der
ein Mensch auf die Widerfahrnisse des Lebens reagiert und auf
sie zu ‹antworten› versucht.»[220] Spiritualität ist in der Regel in

die ganze Lebensgestalt eines Menschen hineingewachsen und ist in den körperlichen, intellektuellen, psychischen und sozialen Lebensäusserungen eines Menschen als innerster Werte- und Beweggrund anwesend und mitbestimmend. Die spirituelle Dimension bestimmt daher auch ethische Entscheidungen wesentlich mit, was sowohl die Ethik des Patienten und seiner Angehörigen als auch die der professionellen Begleiter betrifft.[221]

Es gibt Erfahrungen und Themen, die die Spiritualität eines Menschen besonders berühren, so beispielsweise die existenziellen und spirituellen Schmerzen. Dabei kommen Grunderfahrungen vor, die in der Palliativbegleitung besonders virulent werden können wie etwa: Als Sterbender den Partner, die minderjährigen Kinder so früh, in dieser Lebensphase, mit diesen Aufgaben verlassen zu müssen, oder schwere Differenzen mit nahe Stehenden nicht lösen zu können, oder mit offen gebliebenen elementaren Wünschen und Sehnsüchten von dieser Welt gehen zu müssen. Diese Erfahrungen betreffen nicht nur die Gefühlsebene und berühren nicht nur den existenziellen Kern, sondern im weiteren Sinne auch den spirituellen Lebensentwurf des Menschen. Spirituelle Schmerzen im engeren Sinne können sein: über das Ergebnis und das Bild des eigenen Lebens enttäuscht zu sein, sich von Gott verlassen zu fühlen, wo man sich doch nichts hat zuschulden kommen lassen oder daran zu zweifeln, ob es ein Leben nach dem Tode oder einen Gott überhaupt gibt.[222]

Bei existenziellem und spirituellem Leid gilt es für den Begleiter, dem Patienten die Möglichkeit zu geben, den existenziellen Schmerz auszudrücken, so zuzuhören, dass der Patient auch zu tieferen Schichten seines Schmerzes gelangen kann und diesem zu bedeuten, dass solche Gedanken über das eigene Leben «normal» sind.[223]

Weitere hochsensible Themen bei der Palliativbetreuung sind das Schuld- und Schamempfinden des Patienten. Oft äussert sich das Schuldthema als Frage, ob man die eigene Verantwortung in seinem Leben nicht oder falsch wahrgenommen hat. Mit dem Schuldthema verbunden ist der Schamaffekt, d.h. sich wegen seines Versagens schämen zu müssen.[224] Zu den spirituellen

Grundfragen gehört auch die immer wieder gestellte Warum-Frage.[225]

Im Zusammenhang mit der spirituellen Begleitung des schwerkranken und sterbenden Menschen erweisen sich Rituale und rituelle Handlungen als hilfreiche Mittel der Begegnung und des Ausdrucks, zumal sie auch ausserhalb der Religionen wieder zunehmend entdeckt und geschätzt werden. Es gibt Lebenserfahrungen wie Geburt, Erwachsenwerden, Sterben, Tod und Trauer, die man nicht analysieren, erklären oder manipulieren kann und die doch letztlich spirituell bedeutungsvoll sind. Gerade im Bereiche der Machbarkeit der Medizintechnik kommen Ereignisse vor, deren existenzielle Bedeutung man leicht vernachlässigen oder übersehen kann. Man kann diesen existenziellen Herausforderungen aber auch mit einer spirituellen Antwort begegnen. Rituale geben keine rationale Antwort, sondern stellen etwas vom Sinn dieses Geschehens sinnlich durch symbolische Handlungen dar: Rituale sagen etwas durch Tun.[226] Ein Beispiel: Wie wichtig kann es für einen Patienten und seine Angehörigen sein, dass und wie liebevoll und achtsam z. B. der Arzt den Sterbenden abtastet und den Brustkorb abhört. «Hier gibt der Arzt auch dem entstellten und tödlich verwundeten Menschen spirituelle Bedeutung – einfach durch sein Tun, nicht durch fromme Worte»[227].

Rituale im engeren Sinne sind die Riten der Religion. Ein Ritual wird dann zum Ritus, wenn es nicht nur von einer «guten Ordnung des Lebens» kündet, sondern sich ausdrücklich auf «das Heilige» bezieht. Mit dem Ritus wird das Geheimnis von Leben, Sterben und Tod als heiliges Geheimnis gedeutet und spirituell qualifiziert. Nicht das Leiden selbst oder das Sterben werden als sinnvoll erklärt, sondern durch den Ritus werden diese Lebensrealitäten in einen Sinnhorizont gestellt und diesem anvertraut. Der Ritus sagt: Auch das zerbrechende und leidvolle Leben fällt aus diesem Sinnganzen nicht heraus.[228] In den Riten am Ende des Lebens spielen Zeichen und Worte eine bedeutsame Rolle: Das Zeichen der Überwindung des Todes, des Dunkels, ist die zum Leuchten gebrachte Kerze. Der Glaube an die Auferstehung, an ein Leben jenseits dieser Welt, wird in diesem Zeichen sichtbar. Das Licht überwindet das Dunkel. Ohne Licht gibt es kein Leben. Der Mensch braucht das Licht. So wie das Licht hat jedes Zeichen seine Bedeutung, seine Strahlkraft, seinen Fokus: Zeichen der Nähe, Zuwendung und Beweis der Liebe ist z. B. die Berührung. Zeichen der Linderung der Schmerzen und der Wertschätzung des Lebens ist das Salböl. Wasser ist das Zeichen für den Ursprung allen Lebens und die Reinigung. Das Kreuz ist das Zeichen des Leids als Wirklichkeit des Lebens und Ausdruck der Hoffnung. Auch das Wort ist wichtig. Die Nennung des Namens des Patienten durch die Betreuenden, die persönliche Anrede, ist eine der tiefen im Ritual verwurzelten Erfahrungen.[228]

Gebete und Segnungen sind anthropologisch verallgemeinerbare Riten. Die Handlungen und Worte der professionellen Begleiter (nicht nur der Seelsorger) haben wegen ihrer Symbolfunktion für den Patienten eine grosse Bedeutung: Wenn z. B. der Patient um ein Gebet bittet, beauftragt er damit den Helfer als Stellvertreter seine (des Patienten) tiefen Wünsche und Sehnsüchte der heiligen Macht vorzutragen.[229]

In der Palliativsituation relevante christliche Rituale spielen eine wichtige Rolle, weil hierzulande ein Grossteil dieser Patienten seine transzendenten Bedürfnisse der christlichen Seelsorge anvertraut. Solche Riten sind: Segnung, Salbung, Abendmahl oder Kommunion, Beichte, Nottaufe und Abschied am Totenbett.[230] Somit wird deutlich, warum der Einbezug der Seelsorge nicht nur ein wünschbarer, sondern ein wesentlicher Bestandteil der palliativen Betreuung ist. Dies kann sowohl durch die Arbeit hauptamtlicher Seelsorger bzw. Seelsorgerinnen geschehen als auch durch die Beteiligung von Angehörigen anderer Berufsgruppen oder engagierter Laien. Dem Krankenseelsorger obliegen spezifische Aufgaben in der Begleitung und Beratung des schwerkranken oder sterbenden Patienten, seiner Angehörigen und des therapeutischen Teams. Es sind dies Zuhören, Mittragen, Schweigen, aber auch Erzählen und Beten und das Gestalten von Übergängen durch Rituale. Verglichen mit den verwandten Zielen einer Psychotherapie am Lebensende «besteht ein wesentliches zusätzliches Merkmal der Seelsorge darin, die Gegenwart Gottes anzusprechen, von Gott zu erzählen, d. h. auch im Licht der Bibel und der religiösen Traditionen Modelle eines möglichen Umgangs mit den schwierigen und manchmal ausweglosen Situationen eines Schwerkranken oder Sterbenden zu eröffnen.»[231]

«Der positive Einfluss von Seelsorge auf das Wohlbefinden des Patienten ist offensichtlich und geht bis zu der Erfahrung, dass sogar die Schmerzmittelgaben reduziert werden können.» Diese Aussage von Dr. med. Christoph Seitler, Leiter der Palliativstation am Kantonsspital Winterthur, zeigt klar, von welch eminenter Bedeutung es ist, dass die Seelsorge in das Konzept palliative Betreuung integriert wird. Es ist als absoluter Glücksfall – so Alberto Dietrich, katholischer Spitalseelsorger am Kantonsspital Winterthur – zu bezeichnen, dass die reformierte und die katholische Seelsorge erstmals vollwertig im Kernteam einer Spitalabteilung (d. h. der Palliativstation des Kantonsspitals Winterthur) vertreten sind.

Damit ist sehr begrüssenswert, dass auch im «Umsetzungskonzept Palliative Care Thurgau» vom November 2010 das «Konzept Seelsorge im Rahmen von Palliative Care» der beiden Landeskirchen (römisch-katholische und evangelische) einen integrierenden Bestandteil des Gesamtkonzeptes darstellt und dass die Seelsorgenden der beiden Landeskirchen im interdisziplinären Team Palliative Care mitwirken. Bei Bedarf oder auf Wunsch vermittelt die institutionalisierte Seelsorge auch Vertreter anderer Konfessionen und Religionen.

Auch im Kanton Graubünden ist die kirchliche Seelsorge als integraler Bestandteil einer palliativen Behandlung, Pflege und Begleitung von schwerstkranken, alten und sterbenden Menschen erkannt worden. Das kommt klar zum Ausdruck in dem unter der Leitung von Cornelia Knipping erarbeiteten Abschlussbericht 1. Projektjahr «Palliative Care und kirchliche Seelsorge in den Regionen Schams-Avers-Rheinwald und Heinzenberg-Domleschg», der im Januar 2011 publiziert worden ist.[232]

Die beiden folgenden Erfahrungsberichte aus der praktischen Arbeit einer Seelsorgerin und eines Seelsorgers mögen den positiven Einfluss einer kompetenten mitmenschlichen seelsorgerlichen Betreuung auf das Befinden des Schwerstkranken und Sterbenden illustrieren. Die Berichte zeigen eindrücklich, dass der Mensch am Lebensende vermittels der von ihm gewünschten begleitenden Unterstützung des Seelsorgers Trost und Frieden finden kann.

Erfahrungsbericht von Karin Kaspers-Elekes,
evangelische Gemeindepfarrerin/Dipl.-Päd. in Horn/TG:
Frau S. (75-jährig), die vor 20 Jahren wegen Darmkrebs operiert worden war, erkrankte erneut. Sie rief die ihr seit längerer Zeit bekannte Seelsorgerin an und bat um ihren Besuch, anlässlich dessen Frau S. rückwärts- und vorwärtsschauend sagte: «Es ist ja langezeit gut gegangen. Wenn ich jetzt so zurückblicke: 20 Jahre. Ich habe noch manches machen und bewirken können. Aber trotzdem frage ich mich: Warum? Warum muss es ausgerechnet jetzt wieder kommen?» Es folgten Operation und Chemotherapie. Bei den Besuchen der Seelsorgerin im Spital und danach zuhause äusserte sich Frau S., die sich nur langsam erholte, sie wisse nicht, wie lange es noch einmal «gutgehen» werde. Bei darauffolgenden Gesprächen erklärte die Patientin, sie habe nicht mehr so viel Kraft, das spüre sie, und erzählte immer wieder von dem, was war, und von dem, was vielleicht noch sein könnte.

Als es ihr plötzlich schlechter ging, rief Frau S. die Seelsorgerin an und erklärte ihr, der Arzt habe gesagt, es ginge noch mit der Chemo, aber es helfe nicht mehr viel, sie habe noch zwei bis drei Wochen Lebenserwartung. Anlässlich des Besuchs der Seelsorgerin am selben Tag erzählte Frau S. von ihrem Wunsch, ihren Cousin noch einmal zu sehen, und malte Zukunftsbilder – mit und ohne Chemotherapie. Sie bat dann die Seelsorgerin, beim Gespräch mit ihrem Arzt dabei zu sein, denn: «Ich möchte das meinen Angehörigen nicht zumuten. Es fällt ihnen doch so schwer.»

Das gemeinsame Gespräch zwischen Frau S., dem Hausarzt und der Seelsorgerin fand auf Bitte von Frau S. wenige Tage später statt. Der Arzt beschrieb sehr einfühlsam die Situation von Frau S., erläuterte ihr zwei verschiedene Optionen und machte deutlich, dass die palliative Versorgung ohne Chemotherapie einen wohl kürzeren, aber im Blick auf den Erhalt ihrer Lebensqualität positiveren Weg darstellen würde.

Im anschliessenden Gespräch, bei dem die Seelsorgerin nicht viel sagte, aber aktiv zuhörte und dem beginnenden inneren Entscheidungsprozess von Frau S. zu folgen versuchte, erklärte die Patientin, es sei schwer, die Chemo sei anstrengend, es werde ihr immer so schlecht, sie möchte noch einmal, und zwar bald ihren Cousin sehen, denn sie müsse sich nun entscheiden. Wenig später rief Frau S. an und erklärte der Seelsorgerin, sie gehe nicht ins Spital, sie habe mit ihrem Hausarzt gesprochen und der Cousin komme am Wochenende.

Am Dienstag der nächsten Woche erzählte Frau S. – spürbar gelöst – der Seelsorgerin von der Begegnung mit ihrem Cousin und von einem Traum, in dem sie durch einen Tunnel habe kriechen müssen. Man kam gemeinsam ins Gespräch über Vorstellungen vom Abschied aus diesem Leben.

Frau S. wurde mit einer Schmerzmittelkombination behandelt, die ihr weitgehende Schmerzfreiheit ermöglichte. Beim nächsten Besuch erzählte sie der Seelsorgerin von einem weiteren quälenden Traume, den sie auf eine Phase in ihrem Leben deutete, in der sie – aus späterer Sicht – Entscheidungen anders hätte treffen sollen. Auf die Frage hin: «Glauben denn wenigstens Sie mir, dass ich es nicht besser gewusst habe?», entwickelte sich ein Gespräch vor allem über das unbeabsichtigte Schuldigwerden eines Menschen. Zum ersten Mal bat Frau S. um ein gemeinsames Gebet.

Beim nächsten Besuch erzählte Frau S. von ihrer Mutter, die ihr hier – und zwar gestern – ganz nahe gewesen sei. Daraufhin folgte ein Gespräch über Jenseitsvorstellungen. Frau S. malte ihren Himmel aus und wurde ganz ruhig darüber.

Die Patientin konnte nur noch wenig essen. An einem Morgen erklärte sie der Seelsorgerin, sie sei heute so aufgeregt. Die Seelsorgerin setzte sich auf Bitten von Frau S. an ihr Bett. Die Patientin suchte ihre Hand und hielt sie eine Weile. In der Folge wurde sie ganz ruhig und die Seelsorgerin verabschiedete sich. In der Mittagszeit rief der Hausarzt an, Frau S. habe ihn rufen lassen. Als die Seelsorgerin am Nachmittag bei ihr eintraf – die nächsten Familienangehörigen sassen am Krankenbett – war Frau S. ansprechbar. Auf die Frage, ob sie den 23. Psalm, der ihr immer viel bedeutet hatte, hören wolle, nickte Frau S. und die Seelsorgerin las ihr die bekannten Worte langsam vor. Frau S. schloss die Augen, sie war ganz still und wiederholte zweimal: «Es ist gut. Mein Arzt war auch hier. Es wird alles gut.»

Nachdem sich die Seelsorgerin mit Segenswünschen verabschiedet hatte, hat der Lebensweg von Frau S. wenige Stunden später sein Ziel erreicht.

Erfahrungsbericht von Alberto Dietrich, lic. theol.,
katholischer Spitalseelsorger am Kantonsspital Winterthur:
Frau F. (Jahrgang 1940) traf Mitte Dezember 2009 auf der Palliativstation des Kantonsspitals Winterthur ein. Sie ist Mutter und Grossmutter. Vor 2 Jahren wurde bei ihr ein Mammakarzinom mit Metastasen in Lunge und Leber diagnostiziert. Chemotherapie und Bestrahlungen wurden zur Erhaltung der Lebensqualität eingesetzt.

Da sich ihr Zustand zuhause zunehmend verschlechterte, wurde eine Hospitalisation auch deshalb unumgänglich, weil der Ehemann wegen der grossen Atemnot und den Erstickungsanfällen seiner Ehefrau, die in der Regel nachts erfolgten, nicht mehr genug Schlaf und Erholung fand. Auf der Palliativstation konnten die medizinischen Probleme (zunehmende Tumorschmerzen und Atemnot) schnell angegangen werden. Als Katholikin, die eine religiöse Erziehung erlebt hatte, war es Frau F. wichtig, nebst dem seelsorgerlichen Gespräch auch die Krankenkommunion zu empfangen. Auch die Abdankung wurde vorbesprochen. Dafür rief der Seelsorger die Gemeindeleiterin der Heimatpfarrei von Frau F., die unverzüglich auf der Palliativstation erschien, ein gutes und entlastendes Gespräch mit Frau F. führen konnte und ihr zum Abschluss des Besuchs ein kleines Holzkreuz schenkte, das Frau F. in der Folge wie ein Juwel auf ihrem Nachttischchen hütete. Die Patientin wurde zunehmend ruhiger und klagte auch weniger über Schmerzen, weil sie ihre letzten Dinge (insbesondere bei Besuchen der Familie) nach ihrer Vorstellung hatte regeln können.

Nach einem Kurzaufenthalt in einem Pflegeheim anfangs Januar 2010 – Frau F. benötigte keine Akutpflege mehr und musste deshalb aus der Palliativstation entlassen werden – kam sie nach wenigen Tagen auf die Station zurück, weil sie sich im Heim nicht genügend betreut fühlte und auch psychisch mehr Probleme anmeldete. Sie wünschte regelmässig die Krankenkommunion und den Krankensegen mit Weihwasser. Wenige Tage vor ihrem Tod äusserte die Patientin massive Ängste, ihre Angehörigen zurücklassen zu müssen. Auf ihren Wunsch hin spendete ihr der Spitalgeistliche die Krankensalbung. Diese Feier am Krankenbett war für alle Beteiligten sehr ergreifend. Irgendwie spürten alle, dass damit ein erstes Abschiednehmen im Ritual konkret fassbar wurde und auch für die nächsten Angehörigen hilfreich war, die sich aktiv einbringen konnten, sei es mit der Segnung der Todkranken oder auch im gemeinsamen Gebet des Vaterunsers, bei dem sich alle Anwesenden die Hände als Zeichen der Verbundenheit untereinander reichten. Ab diesem Moment äusserte Frau F. keine Angstgefühle mehr und konnte sich auch nicht mehr aktiv verbal äussern. Es schien, dass sich ihr Geist mehr und mehr von ihr löste und ihre Bereitschaft, sich im Sterben ganz zu lassen, von Stunde zu Stunde deutlicher wurde. Am darauf folgenden Tag – Ende Januar 2010 – verstarb Frau F. friedlich im Beisein ihrer nächsten Angehörigen. In einem weiteren kleinen Ritual mit Weihwasser und dem Vaterunser verabschiedete sich ihre Familie endgültig.

IV. Palliative Care in der Schweiz – Ist- und Sollzustand

«Die Schweiz ist kein guter Platz zum Sterben» lautet der Titel eines Artikels in der Sonntags-Zeitung vom 18. Juli 2010, der Bezug nimmt auf eine von der britischen Economist Intelligence Unit erhobene Studie «Qualität des Sterbens». Darin wird – auf einer Liste mit 20 Plätzen – Grossbritannien auf den ersten Rang gesetzt, gefolgt von Neuseeland und Australien. Die Schweiz befindet sich auf dem 19. Rang. Der von der Verfasserin des Artikels befragte Palliativmediziner Roland Kunz sieht einen Grund für dieses schlechte Abschneiden darin, dass unheilbar Kranken am Lebensende in der Schweiz zu wenig Aufmerksamkeit geschenkt werde und die Versorgung daheim noch ungenügend sei. Eine Zusammenarbeit zwischen Hausarzt, Spital und spezialisierter Betreuung zuhause wäre nötig, weshalb Kantone und Gemeinden gefordert seien, Strukturen aufzubauen und auch zu finanzieren, denn es sei eine Tatsache, dass wir noch weit entfernt seien von der Vorgabe der WHO, wonach 80 Palliativ Care-Betten auf eine Million Einwohner zur Verfügung stehen müssten.[233]

Das Ergebnis der britischen Studie ist zweifellos enttäuschend, darf aber nicht als ein Versagen des Bundes interpretiert werden. Der Bund hat schon vor vielen Jahren den Handlungsbedarf für Palliative Care erkannt und im Rahmen seiner Zuständigkeiten agiert. So hat die bundesrätliche Expertengruppe «Sterbehilfe» bereits 1999 in ihrem Bericht dargelegt, dass zahlreiche Untersuchungen über chronische Schmerzen, Atemnot und Depression bestätigten, dass solche Leiden bei Todkranken häufig seien. Ausnahmslos – so der Bericht weiter – kämen die Autoren dieser Studien zum Schluss, dass die Techniken der Palliativmedizin und -pflege Ärzten und Pflegenden zu wenig bekannt seien oder von ihnen nur zögerlich angewendet würden; mit richtig eingesetzten palliativen Mitteln könnte der grösste Teil dieser Leiden behoben werden.[234]

In den Jahren 1998–2008 wurden mehrere politische Vorstösse für Palliative Care auf Bundesebene eingereicht. Nachdem der Bundesrat aufgrund der Überweisung der Motion der ständerätlichen Rechtskommission den Auftrag erhalten hat, Massnahmen zur Förderung von Palliative Care zu ergreifen, hielt unsere höchste Landesbehörde in ihrem Bericht «Sterbehilfe und Palliativmedizin – Handlungsbedarf für den Bund?» an der Notwendigkeit der Förderung von Palliative Care-Einrichtungen fest.[235]

Am 23.10.2008 haben Bund und Kantone in der Sitzung des Dialogs «Nationale Gesundheitspolitik Schweiz» ein Nationales Forschungsgremium Palliative Care eingesetzt mit dem Ziel, Palliative Care besser im Gesundheitswesen zu verankern. Im April 2009 hat das Institut für Föderalismus an der Universität Fribourg die im Auftrag des BAG erarbeitete Studie «Palliative Care in der kantonalen Gesetzgebung» publiziert. Die Studie beinhaltet eine detaillierte Zusammenstellung der Rechtsgrundlagen von Palliative Care in den Kantonen de lege lata und de lege ferenda.[236]

Die Erhebung der rund 80 Expertinnen und Experten, die vom Januar bis Juni 2009 den Handlungsbedarf für Palliative Care abgeklärt haben, ist zum Ergebnis gelangt, dass heute in den fünf Bereichen Versorgung, Finanzierung, Sensibilisierung, Bildung und Forschung Lücken festzustellen sind. Für den Soll-Zustand wurden drei allgemeine Grundsätze formuliert, die bei der Förderung von Palliative Care in der Schweiz anzustreben sind:

• Palliative Care-Leistungen sollen angeboten werden;
• Palliative Care-Leistungen sollen für alle zugänglich sein;
• die Qualität der Palliative-Care-Leistungen soll internationalen Standards entsprechen.[237]

Bund und Kantone haben am 22.10.2009 die «Nationale Strategie Palliative Care 2010–2012» verabschiedet.[238] Kurz darauf wurde das Dokument der Öffentlichkeit bekanntgemacht. Darin setzen sich Bund und Kantone das Hauptziel, Palliative Care gemeinsam mit den wichtigsten Akteuren im Gesundheitswesen und anderen Bereichen zu verankern. Damit sollen alle Schwerstkranken und Sterbenden in der Schweiz eine ihrer Situation angepasste Palliative Care erhalten, die ihre Lebensqualität verbessert. Mit der Nationalen Strategie legen Bund und Kantone verbindliche Ziele fest, um festgestellte Lücken zu schliessen. Gemeinsam mit allen Partnern werden die Massnahmen schrittweise realisiert und die Mittel zielgerichtet eingesetzt.

Am 18.1.2010 fand die Kickoff-Sitzung zur Umsetzung der Nationalen Strategie statt. Als erste und zentrale Massnahme werden nun Nationale Leitlinien zu Palliative Care erarbeitet. Ziel ist es, das Gebiet der Palliative Care gesamtschweizerisch zu definieren. Dazu erarbeitet eine Expertengruppe einen ersten

Entwurf, der anschliessend einem breiten Kreis von Akteuren zur Stellungnahme unterbreitet wird. Die Grundsätze bilden dann die Basis für weitere Massnahmen in den Bereichen der Finanzierung, Versorgung, Bildung, Sensibilisierung und Forschung im Rahmen der Nationalen Strategie Palliative Care.[239]

Erfreulich ist die im Auftrag des BAG durchgeführte repräsentative Umfrage des Forschungsinstituts GfK vom 29.3.2010,[240] die aufzeigt, dass Palliative Care in der Schweizer Bevölkerung auf breite Akzeptanz stösst. 91 % der Befragten sind der Meinung, Palliative Care sollte allen Schwerkranken und Sterbenden in der Schweiz zur Verfügung stehen. 77 % der Befragten ziehen in Betracht, Palliative Care eines Tages selbst zu nutzen.[241]

V. Die neue Bestimmung «Palliative Care» § 33i im Gesetz über das Gesundheitswesen des Kantons Thurgau vom 5. Juni 1985

1. Auf dem Weg zum Gesetz

Im Abschnitt IV des Gesetzes über das Gesundheitswesen vom 5.6.1985 regelt der Kanton Thurgau die «Patientenrechte», zu denen auch «Palliative Care» gehört.

2002 verlangte die Autorin im Grossen Rat des Kantons Thurgau in einer Motion eine neue Bestimmung «Palliative Care» im Gesundheitsgesetz, wonach unheilbar kranken und sterbenden Patienten ein Anrecht auf umfassende Palliative Care zustehen sollte. Im Jahr 2005 schlug sich das Anliegen allerdings nur in zwei lapidaren Sätzen im Gesetz nieder:

§ 33i «Palliative Care»
Unheilbar kranke und sterbende Menschen sollen mittels medizinischer und pflegender Massnahmen angemessen behandelt und betreut werden. Ihnen soll eine würdevolle Sterbebegleitung zukommen und ein würdevolles Abschiednehmen ermöglicht werden.

Diese Bestimmung hat sich in der Folge als ungenügend für eine effiziente Palliative Care-Betreuung erwiesen insbesondere deshalb, weil sie eine blosse Soll-Formulierung anstatt eines Anrechts von Kranken und Sterbenden auf Palliative Care enthielt und die Berücksichtigung von sozialen, seelisch-geistigen und religiös-spirituellen Aspekten bei den begleitenden Palliativmassnahmen völlig ausser Acht gelassen hat.

Am 29. Februar 2008 lancierte ein breit abgestütztes Initiativ-Komitee die erfolgreiche thurgauische Volksinitiative «Ja zu mehr Lebensqualität – Ja zur Palliative Care!» An der Sitzung vom 25.3.2009 hat der Grosse Rat mit nur einer Gegenstimme der Initiative Folge gegeben. Demnach lautet § 33i Gesundheitsgesetz neu wie folgt:

> § 33i «Palliative Care»
> 1 Unheilbar kranke und sterbende Menschen haben Anrecht auf angemessene Behandlung und Betreuung mittels medizinischer, pflegerischer und begleitender Palliativmassnahmen, wenn eine kurative Behandlung als aussichtslos erscheint.
> 2 Den Angehörigen und den Bezugspersonen wird eine würdevolle Sterbebegleitung und ein würdevolles Abschiednehmen von der verstorbenen Person ermöglicht.

Behördenreferendum und fakultatives Referendum wurden nicht ergriffen, § 33i Gesundheitsgesetz wurde vom Regierungsrat auf den 1. April 2011 in Kraft gesetzt.

Die neue Bestimmung statuiert ein Anrecht auf eine umfassende Palliative Care, indem sowohl fachgerechte medizinische Behandlung und palliative Pflege als auch die sozialen, seelisch-geistigen und religiös-spirituellen Aspekte bei der Begleitung des Kranken und Sterbenden mit einbezogen werden. § 33i berücksichtigt auch die Anliegen der Angehörigen und der vom Patienten bezeichneten Bezugspersonen. Für diese vom Sterben eines nahestehenden Menschen betroffenen Personen wird in Abs. 2 des neuen § 33i eine Rechtsgrundlage geschaffen, die ihnen eine individuelle Sterbebegleitung sowie ein würdevolles Abschiednehmen vom verstorbenen Menschen einräumt.[242]

Der Kanton Thurgau ist der erste Kanton, der aufgrund einer Volksinitiative – also gestützt auf den klaren Volkswillen – ein Gesetz über Palliative Care geschaffen hat.[243]

2. Das Umsetzungskonzept Palliative Care Thurgau

Das Konzept «Palliative Care Thurgau»[244] – erarbeitet von einer vom Regierungsrat ernannten breit gefächerten Expertengruppe – definiert, wie unheilbar kranke und sterbende Menschen mittels medizinischer und pflegerischer Palliativmassnahmen behandelt und würdig betreut werden sollen.[245] Mit diesem Konzept sind im Kanton Thurgau folgende Massnahmen geplant:

Die dezentrale wohnortnahe Grundversorgung durch Hausärzte, Spitex, Pflegeheime und ergänzende Dienste
Ziel: Grundsätzlich sollen Menschen in palliativen Situationen in ihrem gewohnten Umfeld durch die dezentralen Grundversorger behandelt und betreut werden können. Die zentrale Rolle für eine kompetente Betreuung spielen Hausärzte, Spitex und Pflegeheime. Das qualitativ hochstehende und flächendeckende Angebot sollen Kernteams (Hausarzt mit dipl. Pflegefachpersonen der Spitex, aus den Pflegeheimen und der Krebs- und Lungenliga) aufbauen. Wichtige Ergänzungen sind die spirituelle Begleitung durch die Seelsorgenden der Kirchgemeinden und der ambulante Hospizdienst Thurgau für die Entlastung der pflegenden Angehörigen und die ganzheitliche Betreuung in palliativen Situationen.

Eine zentrale stationäre Einheit (Palliativstation) für die bedarfsgerechte, professionelle Behandlung und Betreuung von Patienten in akuten, instabilen palliativen Situationen
Das interprofessionelle Behandlungsteam umfasst: Palliativmediziner/in, Pflegefachpersonen, Sozialdienst, Psychotherapie, Physio- und Ergotherapie, Musiktherapeutin, Ernährungsberatung, Diätassistentin, Seelsorge und «Freiwillige». Zielgruppe der ersten Palliativstation im Kanton Thurgau am Kantonsspital

Münsterlingen sind Erwachsene mit fortgeschrittenem, unheilbarem Leiden jeglicher Diagnose, die auf eine akutstationäre Behandlung angewiesen sind. Die Aufnahmemöglichkeit besteht für Patienten, bei denen wichtige Aspekte der palliativen Behandlung wie Schmerz, Atemnot, Brechreiz, Appetit, körperliche Schwäche und/oder Aspekte der psychosozialen Betreuung ungenügend oder nicht befriedigend gelöst werden konnten.

Schwerpunkt der Palliativstation ist nicht die Langzeitbehandlung, sondern die – möglichst temporäre – Stabilisierung einer palliativen Situation. Schliesslich soll die Station auch die Möglichkeit eines würdigen Sterbens bieten können, jedoch ist die Palliativstation kein Sterbehospiz.

Ein mobiles interprofessionelles Spezialistenteam
(Palliative Plus)
Palliative Plus ist ein mobiles Palliative Care-Team, das ab 2011 zur Verfügung steht. Es wird aus Fachpersonen der Palliativstation und dem Brückendienst der Krebsliga Thurgau aufgebaut. Das Team ist beratend und anleitend tätig und richtet sich in erster Linie an die betreuenden Fachpersonen, speziell der dezentralen Angebote. Palliative Plus soll das Behandlungsteam im Lebensumfeld des betroffenen Patienten und seinen Angehörigen in der professionellen palliativen Betreuung bedarfsgerecht unterstützen.

Den hohen Zielen entsprechend planen die Verantwortlichen eine breit angelegte Aus-, Fort- und Weiterbildung aller am Behandlungs- und Betreuungsprozess Beteiligten, damit neben der medizinischen und pflegerischen auch die psychische, soziale und spirituelle Unterstützung nach den Grundsätzen der Palliative Care (Schweiz) gewährleistet ist.

VI. Fazit und Plädoyer für Palliative Care

Es ist nicht so, dass in der Situation eines Patienten, bei dem keine Heilungsmöglichkeit mittels kurativer Medizin mehr gegeben ist, nichts mehr für ihn getan werden kann, sondern «wenn nichts mehr zu machen ist, ist noch viel zu tun.» Es ist dann an der Zeit, den Hauptakzent bei der Behandlung von kurativ auf palliativ zu verlagern und – wenn der Patient dies wünscht – Palliative Care anzufordern. Wir sind überzeugt, dass umfassende Palliative Care eine optimale, würdebewahrende Form der Betreuung von todkranken Menschen ist, können doch die von einem qualifizierten und spezialisierten Palliative Care-Team durchgeführten Palliativmassnahmen dem unheilbar Schwerstkranken und Sterbenden Linderung seiner körperlichen und seelischen Leiden verschaffen. Diese Unterstützung erfolgt im Dreiklang von fachgerechter Schmerztherapie, einfühlsamer Pflege und geistig-seelischer, mitmenschlicher Begleitung des todkranken Menschen.

Palliative Care ist ein Akt der Barmherzigkeit, der Gerechtigkeit, der Nächstenliebe und der Menschlichkeit. Sie ist auch Ausdruck der Solidarität mit dem leidenden Menschen. Sie stellt den Menschen ganz in den Vordergrund, ist «aktive Lebenshilfe» bis zum Tod und leistet so einen wertvollen Beitrag zur Sicherung der Humanität in unserer Gesellschaft. Palliative Care ermöglicht auch ein «menschenwürdiges Sterben», das – mit Cicely Saunders gesprochen – an der Hand, nicht durch die Hand eines anderen Menschen geschieht.

Wir plädieren für eine gesetzliche Verankerung eines Anrechts auf eine umfassende Palliative Care (medizinisch, pflegerisch, begleitend) aller Menschen in der Schweiz, die ihrer bedürfen. Die Forderung ist sowohl gestützt auf ethische bzw. medizinethische und rechtliche Argumente als auch Folge eigener Betroffenheit und einer persönlich-emotionalen Sicht. Wir sind der Überzeugung, dass der Mensch, der an einer unheilbaren, lebensbedrohlichen oder chronisch fortschreitenden Krankheit leidet, sich im Angesicht des unabwendbaren Todes in einer Situation befindet, in der er in hohem Masse schwach, gebrochen, hilflos, verletzlich und verwundbar ist. Er bedarf daher aus ethischen und rechtsstaatlichen Gründen unbedingt des Schutzes seiner Menschenwürde, die ihm kraft seiner Existenz als Mensch unverlierbar zusteht bis zu seinem letzten Atemzug. Wer aber, so stellt sich die Frage, wenn nicht der Gesetzgeber, kann diesem Menschen Rechtsschutz und Rechtssicherheit verschaffen? Für uns liegt klar auf der Hand, dass in erster Linie die gesetzgebende Politik gefordert ist, einen rechtlichen Rahmen zu schaffen, in dem der Menschenwürde im Sterben mehr Geltungskraft verliehen wird. Der Rechtsanspruch auf Palliative Care als ganzheitliches Betreuungskonzept für Menschen mit unheilbaren, lebensbedrohlichen oder chronisch fortschreitenden Krankheiten muss schnell und ernsthaft im Gesundheitswesen von Bund und Kantonen verankert und mit konkretisierenden Umsetzungskonzepten durchgesetzt werden.

Zweiter Teil

Patientenverfügung

I. Patientenwille und Vorsorge für das eigene Sterben

1. Was ist eine Patientenverfügung?

Die Richtlinien SAMW 2004, 4, umschreiben das Wesentliche einer Patientenverfügung wie folgt: «Jede Person kann im Voraus Bestimmungen darüber erlassen, welche Behandlung sie wünscht, falls sie nicht mehr urteilsfähig ist (Patientenverfügung). Patientenverfügungen sind zu befolgen, soweit sie auf die konkrete Situation zutreffen und keine Anhaltspunkte dafür vorliegen, dass sie dem derzeitigen Willen des Patienten nicht mehr entsprechen.»

Eine Patientenverfügung kann vom Gesunden oder Kranken verfasst werden für den Fall, dass es in einer Entscheidungssituation dem Patienten nicht möglich ist, seinen Willen zu äussern oder seine Situation zu beurteilen.

Inhaltlich befasst sie sich mit der Ablehnung von lebensverlängernden Massnahmen oder – seltener – deren Einfordern, der Forderung nach geeigneter Schmerztherapie oder auch der Benennung einer oder mehrerer Vertrauenspersonen als Interessenvertreter.[246]

2. Geschichtliches zur Patientenverfügung

a) USA

Der amerikanische Rechtsanwalt und Gründer von Amnesty International, Luis Kutner, entwickelte nach eigenen Angaben die «Idee» der Patientenverfügung («Living Will») schon 1930. Öffentlich präsentiert hatte er seine Idee erstmals am 7.12.1967 bei einem Treffen der Euthanasia Society of America in New

York.[247] Die Absicht seines «Living Will» ist, die Entscheidung über die Anwendung lebensverlängernder Behandlungsmethoden auch für den Fall in den Händen des Patienten zu belassen, dass dieser entscheidungsunfähig geworden ist. Damit soll gewährleistet werden, dass der Patient auch in der letzten Lebensphase nicht zum «Opfer» der Entscheidungsfindung anderer wird[248].

Solche Verfügungen hatten zunächst keine gesetzliche Grundlage.[249] Der erste Versuch in Florida, den «Living Will» gesetzlich zu verankern, scheiterte 1968 ebenso wie bei ähnlichen Versuchen in 15 Bundesstaaten vor 1976. Anders beim in Kalifornien verabschiedeten Gesetz mit dem Titel «Natural Death Act», das am 1.1.1977 in Kraft getreten ist: Nach diesem Gesetz war es den Ärzten bei Vorliegen der entsprechenden Erklärung gestattet, auf «künstliche Mittel» zur Lebensverlängerung bei unheilbar Kranken zu verzichten. Eine Patientenverfügung (hier «Directive to Physicians» genannt) sollte nur verbindlich sein, wenn der Patient sie frühestens 14 Tage, nachdem er (von zwei Ärzten) als unheilbar krank diagnostiziert worden war, aufgesetzt oder bestätigt hatte. Angelehnt an das Gesetz in Kalifornien verabschiedeten bald weitere Bundesstaaten ähnliche Gesetze. Bis 1989 hatten 38 Staaten und der District of Columbia «Natural Death»-Gesetze erlassen.[250]

Seit 1991 gibt es nunmehr ein Bundesgesetz, das sich auch mit dem Patiententestament auseinandersetzt. Der «Self-Determination-Act» gilt für alle Spitäler, Hospize und Pflegeeinrichtungen, denen staatliche Unterstützung zukommt, und ordnet an, dass diese Institutionen gewisse Informationen (u. a. über die Errichtung von Patientenverfügungen) an ihre Patienten weiterzuleiten haben.[251]

b) Deutschland

In Deutschland begann die Diskussion um die Patientenverfügung erst äusserst zögernd Ende der 70er Jahre.[252] Dabei ging es vor allem um Voraussetzungen und Verbindlichkeit der Patientenverfügung.[253] Bereits 1978 veröffentlichte der deutsche Jurist Wilhelm Uhlenbruck das Muster eines auf den deutschen

Rechtsraum zugeschnittenen Patiententestaments.[254] Im selben Jahr befasste sich die «Initiative für Humanes Sterben nach Wunsch des Sterbenden» mit der Thematik und veröffentlichte aufgrund des Uhlenbruck'schen Musters sowie dem kalifornischen Vorbild ein weiteres Muster eines deutschen Patiententestaments. Dieses wiederum machte sich deren Nachfolgeorganisation, die Deutsche Gesellschaft für Humanes Sterben (DGHS), zu eigen und verbreitete den Entwurf unter ihren Mitgliedern. Seit den 80er Jahren erscheint auch eine Patientenverfügung der Ärztekammer Hamburg, die sich stark an das angloamerikanische Vorbild anlehnt.[255] Im Weiteren gibt es heute christliche Patientenverfügungen, vgl. Formulare bei Gutheil/ Roth (2010), 84 f.

Sämtliche in der BRD entwickelten Patiententestamente beziehen sich ausschliesslich auf die Endphase einer unheilbaren Krankheit: der Zustand des Patienten mit infauster Prognose muss also einen irreversiblen Verlauf genommen haben. Lediglich für diesen Fall werden rein lebensverlängernde Massnahmen, die nur eine Verlängerung des Sterbens und damit eine Leidensverlängerung bedeuten würden, abgelehnt.

Schon bald konzentrierten sich die Debatten um das Patiententestament in Deutschland im Wesentlichen auf die Frage, ob dem Dokument als Anweisung an den Arzt unbedingte Verbindlichkeit zugesprochen werden könne oder nicht. Dabei wurden kontroverse Meinungen vertreten.[256] Im Jahr 1998 hat die deutsche Bundesärztekammer in ihren «Grundsätzen zur ärztlichen Sterbebegleitung» erstmals das Selbstbestimmungsrecht des Patienten betont. Auch dem (mutmasslichen) Willen von nicht mehr zustimmungsfähigen Patienten wurde durch Patientenverfügungen Rechnung getragen, die als «wesentliche Hilfe für das Handeln des Arztes» bezeichnet und darüber hinaus erstmals als verbindlich erklärt wurden, «sofern sie sich auf die konkrete Behandlungssituation beziehen und keine Umstände erkennbar sind, dass der Patient sie nicht mehr gelten lassen will».[257]. Diese Grundsätze waren insofern ein Fortschritt in der Entwicklung der Patientenrechte, als nach den vorher geltenden Richtlinien der Bundesärztekammer zur Sterbehilfe aus dem

Jahr 1993[258] Patientenverfügungen überhaupt nur als ein entscheidungsleitendes Indiz unter vielen betrachtet wurden.[259]

Nach langen Diskussionen beschloss der Deutsche Bundestag am 18.6.2009 eine gesetzliche Regelung zur Wirksamkeit und Reichweite der Patientenverfügung, die am 1.9.2009 in Kraft getreten ist.[260]

c) In der Schweiz

Auch in der Schweiz ist der Umgang mit der Patientenverfügung noch relativ neu. Sie fand Eingang in die «Richtlinien für die Sterbehilfe» vom 5.11.1976 und 17.11.1981 der SAMW. In der Folgezeit hat die SAMW in verschiedenen Richtlinien die Bedeutung der Patientenverfügung als Instrument der Selbstbestimmung von Patientinnen und Patienten bekräftigt.

Bis etwa Anfang der 70er Jahre waren die Rechte der Patienten in der Schweiz in einer Vielzahl von Bestimmungen im ZGB, OR, StGB, in der BV, in kantonalen Verfassungen, im Verwaltungsrecht usw. geordnet. Im Zuge der ab Ende der 70er Jahre erkennbaren Bestrebungen, den Patienten für mehr Mündigkeit, Eigenverantwortlichkeit und Partnerschaft im Medizinalwesen zu motivieren, erfolgten seitens der Kantone die ersten Schritte zu einer Kodifikation der Patientenrechte. Vorreiter war der Kanton St. Gallen 1980 mit einer Verordnung über die Patientenrechte. In einigen der in den 80er Jahren erlassenen kantonalen Verordnungen (SG, ZH, BL) und Gesundheitsgesetzen (VD und AG) wird die Patientenverfügung nicht erwähnt.[261] Dies obwohl es bereits ab den 70er Jahren Patiententestamente, Sterbeverfügungen und Patientenvereinbarungen[262] gegeben hat, die der heutigen Patientenverfügung ähnlich sind.[263] Die späteren gesetzlichen Regelungen zur Patientenverfügung entstanden auf kantonaler Ebene. Erst das revidierte Erwachsenenschutzrecht enthält Bestimmungen, die Patientenverfügungen auf Bundesebene gesetzlich verankern.

3. Die Patientenverfügung – ein Vorsorgeinstrument

Die Patientenverfügung gehört zu den Vorsorgeinstrumenten. Sie erfasst Erklärungen von Personen darüber, wie diese im Fall künftiger krankheitsbedingter Entscheidungsunfähigkeit behandelt werden wollen. Kennzeichnend für die Patientenverfügung ist die Antizipation von Behandlungsentscheidungen für eine Situation, in der ein Betroffener seinen Willen nicht mehr selbst zum Ausdruck bringen kann. Gegenstand der Patientenverfügung kann sowohl die Unterlassung oder Begrenzung als auch die Vornahme bestimmter medizinischer Behandlungsmassnahmen am Lebensende sein.[264]

Das Erarbeiten einer Patientenverfügung, das eine sehr konkrete und persönliche Auseinandersetzung mit Fragen nach dem eigenen Leiden, der eigenen unheilbaren Erkrankung sowie nach dem Sterben und dem Tod erfordert, ist nicht einfach, denn der Gedanke an den Tod macht den meisten Menschen Angst.[265]

Die Vorsorge mit Blick auf das eigene Sterben ist aber ein Thema für jedes Lebensalter und jede Lebenssituation. Es ist zwar eine durchaus verständliche Tatsache, dass sich viele Menschen sagen, sie «hätten ihre Sachen im Griff»[266]. Nicht selten kommt es jedoch vor, dass ein Szenario Wirklichkeit wird, wie es die «Ratgeber-Broschüre zur Patientenverfügung, Vorsorgevollmacht und Betreuungsverfügung» der Verbraucherzentrale Nordrhein-Westfalen e.V. aus dem Jahr 2000 beschreibt: Viele sagen sich als Gesunde: «Hoffentlich trifft es mich nie – und dann ist es doch geschehen. Durch einen Unfall, Krankheit und zunehmendes Alter ist eine Situation entstanden, in der ein Mensch nicht mehr über medizinische Behandlungsformen entscheiden kann». Für solche Situationen, in denen die Entscheidungsfähigkeit vorübergehend oder dauernd verloren gehen kann, empfiehlt es sich, im urteilsfähigen Zustand schriftlich festzulegen, wer vertretungsweise einer medizinischen Behandlungsmassnahme zustimmen oder sie ablehnen darf und von wem man betreut werden will. Mittels dieser Festlegung des

Patientenwillens in einer Patientenverfügung kann das Selbstbestimmungsrecht über den Eintritt der Urteilsunfähigkeit hinaus weitgehend bewahrt werden.[267]

4. Kontext der Patientenverfügung

Der Kontext, in dem die Patientenverfügung steht, ist erstens gekennzeichnet von den zunehmenden medizinischen und pharmakologischen Möglichkeiten am Lebensende. Die meisten Patientenverfügungen waren ein Abwehrreflex gegen Medizin, Ärzteschaft und «technische Apparate», und für manche trifft das bis heute zu. Darin spiegelt sich eine weit verbreitete Skepsis gegenüber den Möglichkeiten der modernen Medizin.[268] Viele haben auch erlebt, wie durch Kuration und intensive Therapien Lebensqualität verloren ging und Menschen in einen Zustand versetzt wurden, der als «unnötige Lebensverlängerung» betrachtet wurde. Die meisten Personen, die eine Patientenverfügung unterzeichnen, wollen damit eine Krankheits- und Betreuungssituation vermeiden, die durch grosse Abhängigkeit und eine unsichere Prognose charakterisiert ist. Mit der Anordnung einer Therapiebeschränkung soll dem Sterbenlassen in kritischen Situationen der Vorzug eingeräumt werden.[269]

Zweitens wurde auf Seiten der (potenziellen) Patienten der Wunsch nach Selbstbestimmung in den letzten Jahrzehnten in der medizinethischen Diskussion immer stärker. «Im Zuge dieser Entwicklung veränderte sich die Arzt-Patient-Beziehung weg von einem paternalistischen und hin zu einem partnerschaftlichen Modell»[270]. Heute gilt für den Arzt der Grundsatz «Der Wille des Patienten ist das höchste Gesetz» (*voluntas aegroti suprema lex*), früher galt der Grundsatz *salus aegroti suprema lex*, also: «Das Wohl des Kranken ist das höchste Gesetz»[271].

Drittens – damit zusammenzusehen, dass die verschiedenen Generationen einer (Gross-) Familie heute nur noch selten zusammenwohnen – hat sich die Sterbesituation der meisten Menschen verändert: Immer weniger sterben noch zuhause in Gegenwart ihrer Angehörigen. Das Sterben findet überwiegend

in Spitälern, Heimen und Pflegeeinrichtungen statt, in Angewiesenheit auf die Betreuung durch Fachpersonal, das aber meist
fremd ist.

Diese drei Faktoren haben zur Entstehung und Verbreitung
der Patientenverfügung beigetragen. Es sind Umstände, die auch
heute noch für viele Menschen und Patienten den Anlass geben,
eine Patientenverfügung zu erstellen.[272]

II. Die rechtliche Situation der Patientenverfügung in der Schweiz

1. Grundsätzliches zur medizinisch-ethischen Entscheidfindung am Lebensende eines Menschen

Gemäss den Resultaten der EURELD/MELS-Studie in sechs
europäischen Ländern über den Behandlungsabbruch und den
Behandlungsverzicht im «Lancet»[273] wurde in der Schweiz in
51 % aller Todesfälle eine Sterbehilfe in irgendeiner Art (passiv,
indirekt oder aktiv) geleistet. In 28 % aller Todesfälle in der
Schweiz handelte es sich um passive Sterbehilfe. In der Lancet-
Studie wurde jeweils immer nur die wichtigste Sterbehilfeent-
scheidung pro Fall gerechnet (wobei aktive Formen wichtiger als
passive gezählt wurden). Tatsächlich aber gab es auch zahlreiche
Fälle, in denen auch, aber nicht nur passive Sterbehilfe geleistet
wurde. Diese Fälle wurden in der Analyse im Primary Care (resp.
in der dazu gehörigen Hauptarbeit in den Archives of Internal
Medicine) dazugerechnet. Diese Studie kommt so auf 41 % aller
Todesfälle, «wenn man alle Fälle von passiver Sterbehilfe zusam-
menzählt, also auch diejenigen, wo der Zeitpunkt des Todeseintritts nicht allein durch den Entscheid zum Behandlungsabbruch
oder -verzicht, sondern beispielsweise auch durch die Verabrei-
chung von Opiaten oder Sedativa in hohen Dosen beeinflusst
wurde».[274]

Aus dieser Zahl kann man schliessen, dass medizinische Entscheidungen über lebensverlängernde Massnahmen zum Kli-
nikalltag der Ärzte in der Schweiz gehören.[275] Problematisch

sind die Fälle urteilsunfähiger Patienten, die eine Einwilligung selbst nicht mehr erteilen können. Bei diesen müssen an die Stelle der Einwilligung notgedrungen «Surrogate» treten.[276] Das kann nach schweizerischem Recht die Entscheidung einer Vormundschaftsbehörde, eine schriftlich abgefasste früher erteilte Einwilligung in Form einer Patientenverfügung, einer Einwilligung durch Vertreter des Patienten oder eine mutmassliche Einwilligung sein.[277] Kann ein Patient aufgrund seiner Urteilsunfähigkeit nicht in eine medizinische Behandlung einwilligen, gilt sein mutmasslicher Wille als Ausgangspunkt für die stellvertretende Einwilligung. Dieser Patientenwille könnte mit einer im Voraus schriftlich erstellten Patientenverfügung ermittelt werden.[278] Die leitende Frage dabei ist, was der Patient gewollt hätte, wenn man ihn in der aktuellen Situation noch hätte befragen können. Der mutmassliche Wille kann sich beispielsweise aus früheren Äusserungen des Patienten sowie aus seinen Wertvorstellungen ergeben; dazu können auch Verwandte oder sonstige Vertrauenspersonen des Patienten befragt werden.[279]

2. Die «Selbstbestimmung»

a) Fehlende bundesrechtliche Regelungen zur Patientenverfügung

Ausdrückliche bundesrechtliche Regelungen zur Patientenverfügung bestehen in der Schweiz bislang nicht.

Die Patientenrechte zur Patientenverfügung sind im Kontext des Selbstbestimmungsrechts bei medizinischen Eingriffen zu verstehen, die sich unterschiedlich gestalten, je nachdem ob der Patient urteilsfähig oder urteilsunfähig ist.[280]

b) Begriff

Eine eigentliche Definition von «Selbstbestimmung» ist schwierig, denn es sind oft ethische Vorstellungen und Wertmassstäbe, die dem Grundsatz der Selbstbestimmung seinen eigentlichen Gehalt verleihen. Aus juristischer Sicht ist «Selbstbestimmung» nur schwer fassbar. Allerdings gibt es verschiedene rechtliche Grundlagen zur Begründung des Selbstbestimmungsrechts, die herangezogen werden können und zumindest den Versuch einer Annäherung an diesen Begriff ermöglichen. Demzufolge umschreibt Widmer Blum den Begriff der Selbstbestimmung wie folgt: «Das Selbstbestimmungsrecht bildet sowohl Teil des von der Verfassung geschützten Persönlichkeitsrechts, insbesondere des Schutzes des Lebens, der Privatsphäre und der persönlichen Freiheit, als auch der zivilrechtlichen Persönlichkeit. Auf der einen Seite geht es um den Schutz vor Fremdeinwirkung in einem bestimmten, als privat zu definierenden Lebensbereich. Autonomie in diesem Sinne ist die Freiheit vor Fremdbestimmung [...] Auf der anderen Seite wird mit dem Begriff der Selbstbestimmung aber auch die Möglichkeit der eigenen freien Entfaltung betont»[281].

c) Zivilrechtliche Grundlagen der Patientenverfügung

Dem Schutz der Selbstbestimmung kommt auch aus zivilrechtlicher Sicht Bedeutung zu. Auf der einen Seite wird in diesem Zusammenhang der Grundsatz der Privatautonomie betont, der in der Anerkennung der freien Willensbildung und Willensäusserung als Grundlage jedes rechtlichen Handelns zum Ausdruck kommt.[282] Auf der anderen Seite werden insbesondere die Begriffe der Persönlichkeit (im zivilrechtlichen Sinne) bzw. des zivilrechtlichen Persönlichkeitsschutzes und der Selbstbestimmung miteinander in Verbindung gebracht. Der enge Zusammenhang zwischen den beiden Begriffen zeigt sich darin, dass die «Selbstbestimmung» mitunter für die Definition der Persönlichkeit herangezogen wird. Bei der Umschreibung der Persönlichkeit und ihrer Schutzbereiche wird u.a. auf die Komponente der persönlichen Entfaltung – und damit auf die Selbstbestimmung – verwiesen. So verstanden ist die Selbstbestimmung ein unmittelbarer Bestandteil der persönlichen Freiheit und damit ein Aspekt der zivilrechtlichen Persönlichkeit; der Schutz des Selbstbestimmungsrechts bildet somit «Teil des Persönlichkeitsschutzes». Die Selbstbestimmung als Bestandteil der zivilrechtlich geschützten Persönlichkeit wird so in doppelter Hinsicht, nämlich im Sinne von Art. 27 ZGB wie auch von Art. 28 ZGB, geschützt.[283]

Nach herrschender Lehre und Praxis stellt die ärztliche Behandlung, durch den Eingriff in die körperliche Integrität, grundsätzlich eine Verletzung der Persönlichkeit dar. Diese ist nach Art. 28 Abs. 2 ZGB widerrechtlich, «wenn sie nicht durch Einwilligung des Verletzten, durch ein überwiegendes privates oder öffentliches Interesse oder durch Gesetz gerechtfertigt ist».[284] Die Einwilligung führt gestützt auf Art. 28 Abs. 2 ZGB dazu, dass eine medizinische Behandlung nicht widerrechtlich ist. Sie stellt einen Rechtfertigungsgrund dar, der die Widerrechtlichkeit ausschliesst.[285] Da die Einwilligung in medizinische Massnahmen nach weitgehend übereinstimmender Meinung zu den relativ höchstpersönlichen Rechten[286] gehört, ist das Vorliegen von Urteilsfähigkeit das erste Erfordernis für eine rechtsgültige Einwilligung.[287] Ist also der Patient im konkreten Falle urteilsfähig, entscheidet er selbst nach seinem Willen (*informed consent*), wie Therapievorschläge in der gegebenen Situation umzusetzen sind.[288]

d) Verfassungsrechtlicher Persönlichkeitsschutz

Das verfassungsrechtliche Selbstbestimmungsprinzip hat sich aus den Freiheitsrechten heraus entwickelt.[289] Der Persölichkeitsschutz wurzelt im privatrechtlichen Persönlichkeitsschutz, der in den Art. 27 und 28 ff. ZGB verankert ist. Die Anerkennung des allgemeinen Persönlichkeitsschutzes stellt eine wesentliche Grundlage der schweizerischen Rechtsordnung dar.

Das Zivilrecht geht davon aus, dass die Person und ihre Autonomie dem Recht vorgegeben sind und nicht erst von diesem konstituiert werden. Der in Art. 28 ZGB festgelegte Schutz verleiht höchstpersönliche, absolute, nicht-pekuniäre, unveräusserliche und unverjährbare Rechte. Für die schweizerische Rechtsordnung ist entscheidend, dass Art. 28 ZGB einen allgemeinen Grundsatz ausdrückt und den Begriff der Persönlichkeit nicht abschliessend bestimmt. Dies verleiht dem privatrechtlichen Persönlichkeitsschutz eine Vorbild- und Bezugsfunktion für den Grundrechtsschutz.[290]

Der verfassungsrechtliche Persönlichkeitsschutz umfasst neben den zum unantastbaren Kerngehalt gehörenden Aspekten wie dem Recht auf Leben auch das Recht auf Selbstbestimmung, auf physische sowie psychische Integrität und auf Bewegungsfreiheit. Im Zentrum steht das «Recht auf Selbstbestimmung und auf individuelle Lebensgestaltung sowie der Schutz der elementaren Erscheinungen der Persönlichkeitsentfaltung.»[291] Insbesondere umfasst das Recht auf Selbstbestimmung die Freiheit, eine gegebene Situation selbst zu beurteilen und nach den daraus gewonnenen Einsichten zu handeln,[292] mit anderen Worten: «in wichtigen Belangen der Persönlichkeitsentfaltung frei und autonom zu entscheiden»[293]. Das Selbstbestimmungsrecht des Einzelnen erstreckt sich auf wesentliche Aspekte des eigenen Lebens und umfasst somit auch die Entscheidung über den Einsatz verfügbarer medizinischer Eingriffe und Behandlungen zur Verlängerung des Lebens. Grundrechtlich geschützt ist damit z. B. die Entscheidung, lebensverlängernde Behandlungen nicht anzuwenden oder – wenn bereits damit begonnen wurde – diese abzubrechen. So ist beispielsweise der Verzicht eines Patienten grundrechtlich gesichert, den Herz-Lungen-Kreislauf durch Einsatz entsprechender Apparate künstlich aufrechtzuerhalten.[294] Der Wille des Kranken auf Verzicht lebenserhaltender Massnahmen muss jedoch klar erkennbar sein. Er kann beispielsweise in einer Patientenverfügung geäussert werden. Dieser Anspruch ergibt sich aus dem Recht auf Leben, aus der persönlichen Freiheit sowie aus der Achtung der Menschenwürde. Sie stellen sicher, dass der Mensch elementare Entscheidungen allein treffen kann.[295]

Da das verfassungsrechtliche Selbstbestimmungsrecht sich u. a. auf Art. 10 Abs. 2 BV stützen lässt, kommt der Menschenwürde im Bereich der Selbstbestimmung kaum eigenständige Bedeutung zu. Trotzdem ist unbestritten, dass die Selbstbestimmung mit der Würde des Menschen stark verbunden ist: Die Menschenwürde stellt einerseits die Grundlage der Selbstbestimmung dar, andererseits geht sie aber auch weiter – dann nämlich, wenn die Selbstbestimmung aus bestimmten Gründen eingeschränkt ist.[296]

III. Verbindlichkeit der Patientenverfügung

1. Keine Regelung auf Bundesebene

Die Frage, inwieweit Patientenverfügungen für den behandelnden Arzt verbindlich sind, ist nach dem geltenden Recht – es stützt sich auf unterschiedliche Regelungen in einigen kantonalen Gesundheitsgesetzen und auf voneinander abweichende Richtlinien und Empfehlungen von Fachorganisationen – umstritten. Dies ändert sich, wenn die neuen Bestimmungen über die Patientenverfügung im Erwachsenenschutzrecht des ZGB in Kraft treten, die vom Grundsatz der Verbindlichkeit von «genügend bestimmten» Patientenverfügungen ausgehen.[297]

2. Gesetzliche Regelungen in den Kantonen

Gesetzliche Regelungen zur Patientenverfügung und zur Vertretung von Patienten durch Angehörige existieren heute lediglich auf kantonaler Ebene. Sie sind sehr unterschiedlich ausgestaltet, und es gibt sie nicht in allen Kantonen.[298] So hält beispielsweise das Patientinnen- und Patientengesetz des Kantons Zürich vom 5.4.2004 in § 20 Abs. 2 fest: «Ein in urteilsfähigem Zustand zum Voraus geäusserter Wille wird berücksichtigt, wenn er klar dokumentiert ist und keine Anhaltspunkte dafür bestehen, dass er sich seit seiner Äusserung geändert hat.» Ähnlich die Verordnung des Kantons Appenzell Ausserrhoden vom 6.12.1993.[299]

Die «Loi sur la santé (LS)» des Kantons Genf vom 7.4. 2006 gewichtet die Patientenverfügung in Art. 48 Choix libre et éclairée directives anticipées Abs. 1 wie folgt: «Le professionnel de la santé doit respecter la volonté que le patient a exprimée par des directives anticipées, pour autant que ce dernier se trouve dans une situation qu'elles prévoient». Falls der behandelnde Arzt Bedenken hat, dass der in der Patientenverfügung geäusserte Wille nicht mehr dem aktuellen Willen des Patienten entspricht, muss er nach Art. 48 Abs. 2 des Genfer Gesetzes die Vormundschaftsbehörde anrufen. In dieselbe Richtung stösst das Gesundheitsgesetzes des Kantons Wallis vom 9.2.1996.[300]

Betreffend Verbindlichkeit der Patientenverfügung existieren zum einen unterschiedliche Rechtsgrundlagen in den kantonalen Gesundheitsgesetzen, zum andern sind auch insbesondere zwei verschiedene Lehrmeinungen auszumachen:

- Der Patientenverfügung kommt als Ausdruck des tatsächlichen Willens des Patienten absolute Verbindlichkeit zu.
- Die Patientenverfügung dient lediglich der Konkretisierung des mutmasslichen Willens der betroffenen Person. Sie ist als Indiz bzw. wesentlicher Anhaltspunkt für das von der betroffenen Person Gewollte heranzuziehen.[301]

Kantonal unterschiedliche Regelungen gibt es auch beim Vertretungsrecht des Patienten durch Angehörige oder ihm nahestehende Personen, wenn kein gesetzlicher Vertreter (Eltern oder Vormund) vorhanden ist.[302] Wo eine kantonale Regelung zur Patientenverfügung und zur Stellvertretung bei Urteilsunfähigkeit fehlt, gelten die aus dem Bundesrecht abgeleiteten Grundsätze. So lässt sich für Ehepartner sowie für Eltern und Kinder (Art. 159 sowie Art. 272 ZGB) eine Mitwirkungspflicht resp. auch ein Recht auf Anhörung aus der allgemeinen gesetzlichen Beistandspflicht ableiten; teilweise sind auch die Bestimmungen zur Geschäftsführung ohne Auftrag nach Art. 419 ff. OR für die Rechtfertigung der Handlungen des Arztes anwendbar. Bei Vorliegen einer Patientenverfügung gilt, dass diese berücksichtigt werden muss.[303]

3. Standesrechtliche Bestimmungen in den Richtlinien der Schweiz. Akademie der Medizinischen Wissenschaften

Die Patientenverfügung fand erstmals Eingang in die «Richtlinien für die Sterbehilfe» vom 5.11.1976 und 17.11.1981 der SAMW, wo es unter Rechtliche Beurteilung III. 3. heisst: «Eine frühere schriftliche Erklärung, worin der Patient auf jede künstliche Lebensverlängerung verzichtet, kann für die Ermittlung seines Willens ein gewichtiges Indiz abgeben. Entscheidend ist jedoch der gegenwärtige mutmassliche Wille, der nur aufgrund einer sorgfältigen Abwägung aller Umstände des Falles gefunden werden kann: Verbindlich ist die frühere Erklärung schon deshalb nicht, weil sie zu jeder Zeit rückgängig gemacht werden kann.» In III. 4. heisst es: «Die letzte Entscheidung liegt rechtlich allerdings beim Arzt».

Die jüngsten Überarbeitungen verschiedener Richtlinien belegen, dass die SAMW die Patientenverfügung als verbindliches Instrument der Willensäusserung bei nichtäusserungs- oder urteilsunfähigen Patienten versteht. Das kommt z.B. in den Medizinisch-ethischen Richtlinien und Empfehlungen «Behandlung und Betreuung von älteren pflegebedürftigen Menschen» vom 18.5.2004 zum Ausdruck, wo es unter Ziff. 3.2. «Patientenverfügung» heisst: «Jede Person kann im Voraus Bestimmungen verfassen im Hinblick auf die medizinische Behandlung und Pflege, die sie zu erhalten wünscht oder ablehnt, falls sie nicht mehr urteilsfähig wäre. Falls die Voraussetzungen der Urteilsfähigkeit gegeben sind, können solche Patientenverfügungen von ihrem Verfasser jederzeit geändert oder aufgehoben werden». Unter Ziff. 3.3. heisst es: «Jede Person kann im Voraus eine bevollmächtigte Vertretungsperson in medizinischen Angelegenheiten (nachstehend: ‹Vertrauensperson›) festlegen, die an ihrer Stelle die Zustimmung zu medizinischen, pflegerischen und/oder therapeutischen Massnahmen erteilen soll, falls sie selbst nicht mehr urteilsfähig wäre». Die neuesten Richtlinien und Empfehlungen «Patientenverfügungen» wurden auch im Hinblick auf das neue Recht ausgearbeitet. Sie möchten Orientierung geben und aufzeigen, welche Punkte beim Verfassen beachtet werden sollten, damit die Patientenverfügung ihre Funktion als Instrument der Selbstbestimmung erfüllen kann.[304]

Die Richtlinien der SAMW sind an sich rechtlich nicht bindend. Es fehlt ihnen aus Sicht des Bundesrechts ein für Ärzte und Patienten verbindlicher Charakter, denn das Bundesrecht verweist an keiner Stelle darauf. Anders verhält es sich in denjenigen kantonalen Rechtsordnungen, die die Anwendbarkeit der Richtlinien ausdrücklich vorsehen oder sie aufgrund einer Verweisung zum *Bestandteil des kantonalen Rechts* erklären.[305]

Die Richtlinien der SAMW haben indessen als «soft law» insbesondere auch für die Rechtsprechung eine Bedeutung in Bereichen, in denen gesetzliche Regelungen bislang fehlen oder zu wenig detailliert sind. Durch Aufnahme in die Standesordnung der Verbindung der Schweizer Ärztinnen und Ärzte (FMH) werden diese Regelungen für die Mitglieder der FMH zudem zu verbindlichem Standesrecht.[306]

Auch das Bundesgericht misst den Richtlinien bei der Beurteilung medizinisch-rechtlicher Sachverhalte grosse Bedeutung zu: «Le Tribunal fédéral a depuis longtemps reconnu la légitimité et la pertinence des directives de l'ASSM.» Dabei fanden nicht nur medizintechnische, sondern auch ethische Vorgaben der Richtlinien Eingang in die Rechtsprechung.[307]

IV. Die Verbreitung der Patientenverfügung

Die Scheu des Menschen vor den Themen Tod und Sterben mag mit ein Grund sein für die Tatsache, dass von der Möglichkeit, seinen Willen in Blick auf das eigene Sterben in einer Patientenverfügung festzuhalten, in der Schweiz heute nur relativ wenig Gebrauch gemacht wird.

Gemäss der im Mai 2010 vom Kriminologischen Institut der Universität Zürich aufgrund der Befragung von ca. 1 500 Schweizerinnen und Schweizern erhobenen Studie beträgt der Gesamtbevölkerungsanteil mit einer Patientenverfügung 17 %. Während unter den Bis-30-Jährigen gerade einmal 3 % angaben, schriftlich geregelt zu haben, was mit ihnen passieren solle, wenn sie einmal schwerkrank werden und nicht mehr selbst entscheiden können, steigt dieser Anteil mit zunehmendem Alter stark an. Während in der Altersgruppe der 31- bis 50-Jährigen nur 7,97 % eine Patientenverfügung haben, beträgt der Anteil der 51- bis 70-Jährigen mit Patientenverfügung 17,01 %. In der Gruppe der Über-70-Jährigen hat jeder dritte Befragte eine Patientenverfügung ausgestellt.[308]

Die «PAVE»-Praxisstudie über «Patientenverfügung in der hausärztlichen Praxis» ergibt ebenfalls die Abhängigkeit des Bevölkerungsanteils mit Patientenverfügung vom Lebensalter. Eine Mehrheit (75 %) der älteren Bevölkerung hat noch immer keine Patientenverfügung. Die 25 % der Patienten, die bereits eine Patientenverfügung haben, sprechen im Vergleich zu einer früheren Untersuchung immerhin für ein zunehmendes Interesse. 56 % der Befragten entschlossen sich neu, eine Patientenverfügung zu erstellen und 19 % wollten darauf verzichten.[309]

In Deutschland gewinnt das Interesse an der Patientenverfügung zunehmende Bedeutung; es soll im Sinne des Prinzips «Respekt vor der Autonomie» in die Entscheidungsfindung einbezogen werden.[310] In den vergangenen Jahren hat sich bei vielen Menschen ein besonderes Bewusstsein herausgebildet, durch entsprechende Vorsorgemassnahmen selbst weitest möglich Verantwortung für den Ernstfall zu übernehmen. So haben in Deutschland derzeit bereits bis zu 10 Millionen Menschen eine Patientenverfügung verfasst.[311]

V. Erstellen einer Patientenverfügung

1. Wie gestalte ich meine individuelle und für mich richtige Patientenverfügung?

Die Frage, ob die Patientenverfügung ein «Allheilmittel» für Entscheidungen am Lebensende eines Menschen ist,[312] hat zweifellos provokative Wirkung. Und das ist gut so. Denn viele Menschen sind sich nicht sicher, ob sie eine Patientenverfügung verfassen sollen, welchen Nutzen ihnen diese Erklärung bringen kann und ob sich die Patientenverfügung im konkreten Fall als sinnvoll erweisen wird.

Hat man sich für eine Patientenverfügung entschieden, tauchen neue Fragen auf, etwa: Was will ich alles in meiner Patientenverfügung geregelt haben? Welche bestimmten Behandlungsmassnahmen in welchen bestimmten Situationen wünsche ich mir, welche lehne ich ab? Welche bestimmten Behandlungen möchte ich ausgeschlossen wissen? Wie stelle ich mich zur künstlichen Ernährung, z.B. zu einer PEG-Sonde? Welches Gewicht messe ich der Schmerzbekämpfung zu? Bin ich auch bereit zu akzeptieren, dass als Folge einer – eventuell relativ sehr hohen – Dosis an Schmerzmitteln, die zur genügenden Schmerzbekämpfung nötig ist, als Nebenwirkung eine Lebensverkürzung eintreten kann? Wünsche ich mir Palliative Care-Behandlung und Begleitung? Will ich Vertrauenspersonen (und wen) benennen, die – wenn ich urteilsunfähig bin – für mich reden und mitbestimmen können? Welche Anordnungen will ich meinen Vertrauenspersonen mit auf den Weg geben?[313] Damit man sich ausreichend informiert weiss, ist es empfehlenswert, sich von Fachpersonen (z.B. Arzt, Seelsorger, Pflegefachperson, Sozialarbeiter, Psychologe usw.) beraten zu lassen. Oft ist es nur so möglich, eine individuelle, auf die eigenen Bedürfnisse zugeschnittene Patientenverfügung zu verfassen, mit der man langfristig zufrieden ist. Daneben ist grundsätzlich zu bedenken: Für das Erstellen einer Patientenverfügung ist es nie «zu früh». Und eine Patientenverfügung kann auch angepasst werden, wenn sich die eigene Einstellung ändert.

2. Für und wider eine Patientenverfügung

In den folgenden Ausführungen möchten wir die Eingangsfrage, ob die Patientenverfügung ein «Allheilmittel» für Entscheide am Lebensende sein könne, zu beantworten versuchen. Dazu ist es nötig, auf der einen Seite aufzulisten, was die Patientenverfügung an Nutzen bringen kann, und andererseits die kritischen Argumente gegen das Erstellen einer Patientenverfügung abzuwägen und zu gewichten. Bei diesen Überlegungen, die letzte Fragen des menschlichen Daseins berühren, wird kaum vermeidbar sein, dass unsere persönlichen Werte- und Moralvorstellungen sowie unsere eigenen religiösen Überzeugungen in die Beurteilung mit einfliessen werden.

a) Inwieweit können Patientenverfügungen nützlich sein?

Wenn sie der Frage nach dem Nutzen einer Patientenverfügung näher nachspüren wollen, kommt manchen Menschen sogleich ein Zusammenhang zwischen Patientenverfügung und «Apparatemedizin» in den Sinn: hilflos an zahlreichen Schläuchen hängend ein Leben führen zu müssen, dem von aussen kaum Respekt entgegengebracht wird. Verständlicherweise suchen daher nicht wenige Menschen nach einer rechtlichen Absicherung ihrer letzten Lebensphase, wozu ihnen eine Patientenverfügung besonders geeignet erscheint. Es ist richtig, dass die Patientenverfügung eine persönliche Stellungnahme zu unerwünschten Folgen der modernen «Gerätemedizin» sein kann, weil sie urteilsfähigen Personen ermöglicht, ihr Selbstbestimmungsrecht über den Eintritt ihrer Urteilsunfähigkeit hinaus zu bewahren und es auch dann noch wahrzunehmen, wenn sie mit Blick auf medizinische Behandlungsmassnahmen keinen eigenen Willen mehr bilden können. Wenn in einer Patientenverfügung klare, deutliche und unmissverständliche Anordnungen festgehalten sind, wissen Verantwortliche des Ärzteteams und Vertretungspersonen genau, was sie tun und was sie lassen müssen, um dem Willen des urteilsunfähigen Patienten entsprechend zu handeln. Wer z. B. ein jahrelanges Wachkoma für sich ausschliessen will, kann dies in einer Patientenverfügung tun. Wer bestimmte Behandlungsmassnahmen (z. B. künstliche Ernährung, Reanimation, Schmerz- und Symptombehandlungen, Dialyse etc.) wünscht oder ablehnt, kann das in einer Patientenverfügung festlegen.[314]

In einer Patientenverfügung sollten stets auch die Moral- und Wertevorstellungen zum Leben und zum Sterben des Patienten schriftlich niedergelegt sein. Diese sind oft stark geprägt vom Glauben, von der Konfession und von der Einstellung der verfügenden Person zu ihrer Kirche. Die in einer Patientenverfügung formulierten Werte- und Moralvorstellungen des Patienten können selbst dann, wenn – was immer möglich ist – eine nicht konkret voraussehbare Situation eintritt, die von den Anweisungen in einer Patientenverfügung nicht erfasst ist, für die Entscheidfindung des behandelnden Ärzteteams und insbesondere für eine Vertretungs- oder Vertrauensperson des Patienten eine wertvolle Hilfe sein.[315]

Insbesondere für ältere Menschen kann es ein wichtiges Anliegen sein, persönliche Wünsche in einer Patientenverfügung festzuhalten, so z. B. wo und wie sie die letzte Lebenszeit verbringen oder ob sie lieber zuhause, in einem Spital oder in einem Hospiz sterben möchten. Auch für viele Menschen, die in einem Alters- oder Pflegeheim wohnen, kann sich das Erstellen einer Patientenverfügung als nützlich erweisen, um anzuordnen, bei welchen Erkrankungen oder Notfallsituationen sie noch ins Spital eingeliefert werden wollen oder ob sie lieber im Heim sterben möchten. Wünsche nach religiöser, seelsorgerlicher Betreuung, nach einem bestimmten Seelsorger oder nach Durchführung religiöser Rituale kurz vor oder nach dem Tod können ebenfalls in einer Patientenverfügung niedergelegt werden.[316] Man sollte Menschen zur schriftlichen und rechtsgültigen Willensäusserung in einer Patientenverfügung deshalb ermutigen, «da sie für diejenigen, die dann in Krisensituationen entscheiden und handeln müssen, eine grosse Hilfe sind, im Sinne des Betroffenen zu entscheiden und so auch eine gewissensmässige Entlastung für sie darstellen»[317].

Eine Patientenverfügung kann vor allem für die Ermittlung des mutmasslichen Willens eines Urteilsunfähigen von grossem Nutzen sein. Das folgende Fallbeispiel soll aufzeigen, welche für alle Beteiligten in höchstem Masse belastende Situationen allenfalls eintreten können, wenn der Patient vorsorglich keine schriftliche Patientenverfügung erstellt hat:

Die 26-jährige Terri Schiavo aus Florida erlitt 1990 einen Herzstillstand, die Folge davon war auch eine irreversible Gehirnschädigung. Die junge Frau fiel ins so genannte Wachkoma (apallisches Syndrom), in der internationalen Fachsprache als *vegetative state* bezeichnet. Bei Terri Schiavo handelte es sich um eine Patientin im andauernden Wachkoma, weshalb ihr schon bei der Einlieferung ins Spital eine PEG-Sonde gelegt werden musste, um die künstliche Nahrungs- und Flüssigkeitszufuhr zu gewährleisten. Der vom Gericht ernannte Betreuer von Terri, ihr Ehemann Michael Schiavo, stellte ab 1998 über Jahre hinweg immer wieder den Antrag bei den Gerichten, die PEG-Sonde seiner Frau zu entfernen. Die Eltern von Terri hingegen kämpften entschieden gegen die Einstellung lebensverlängernder Massnahmen bei ihrer Tochter. Ausser den zahlreichen gerichtlichen Schlagabtauschen kam es zu Zerwürfnissen, Zwistigkeiten und unschönen Kontroversen zwischen Eltern und Ehemann. 13 Tage nach der dritten Entfernung der PEG-Sonde, am 31.3.2005 starb Terri Schiavo.[318]

Die jahrelangen familiären Auseinandersetzungen um das Sterben von Terri Schiavo, die in der Öffentlichkeit auch emotional diskutiert worden sind, haben das Besondere an sich, dass Michael Schiavo ab 1995 mit einer Bekannten zusammenlebte, mit der er in der Folge zwei Kinder hatte. Diese Frau hat er denn auch ein Jahr nach dem Tode von Terri geheiratet. Michael Schiavo hatte vor Gericht erklärt, dass seine Frau in den 80er Jahren einmal anlässlich eines Fernsehfilms gesagt habe, sie wolle keine lebenserhaltenden Massnahmen. Demgegenüber hat eine frühere Freundin des Ehemannes ebenfalls vor Gericht als Zeugin ausgesagt, Michael Schiavo habe ihr gestanden, dass er nie mit seiner Ehefrau Terri über Behandlungswünsche am Lebensende gesprochen habe.[319]

Der Fall Terri Schiavo machte einer breiteren Öffentlichkeit deutlich, «dass die Einschätzung des mutmasslichen Willens schwierig sein kann, wenn keine schriftliche Patientenverfügung vorliegt und wenn man auf Aussagen von Personen angewiesen ist, bei denen man ein ‹Eigeninteresse› zumindest nicht ausschliessen kann».[320]

Ohne ein Urteil in dieser Sache fällen zu wollen, lässt sich daraus ersehen, dass immer die Gefahr besteht, dass – der Deutsche Bundesgerichtshof hat es in einem Entscheid vom 13.9.1994 formuliert – Ärzte, Angehörige oder Betreuer unabhängig vom

Willen des entscheidungsunfähigen Patienten nach eigenen Massstäben und Vorstellungen das von ihnen als sinnlos, lebensunwert oder unnütz angesehene Dasein des Patienten beenden. Dem – so der BGH – müsse entgegengetreten werden. «Man sah also durchaus die Gefahr, dass Aussenstehende den ‹Willen› des Patienten ‹erfinden› könnten»[321]. Dazu formulierte der Psychiater Klaus Dörner provozierend: «Bei der ohnehin erkennbaren weiteren Motivationsmodernisierung in Richtung wachsender Bedeutung ökonomischer und emotionaler Kosten der Pflegeabhängigen bei der Gesamtbevölkerung und damit auch bei Betreuern und Ärzten, wobei übrigens im westlichen Ausland z. Zt. mehr noch als bei uns Selbstmitleid laufend in Mitleid uminterpretiert wird, können schon in Kürze täglich Dutzende Fälle [...] zur Entscheidung anstehen. Dabei wird es immer weniger Schwierigkeiten bereiten, das Erinnerungsvermögen zunehmend ‹mitleidiger› Bundesbürger anzustrengen, Belege für einen glaubhaften mutmasslichen Willen eines Betroffenen zu produzieren»[322].

Der Kern einer Patientenverfügung betrifft medizinische Massnahmen. Früher dienten Patientenverfügungen vor allem dazu, Behandlungsmassnahmen abzulehnen, um sich gegen eine alles Machbare ausschöpfende Medizin zu wehren.[323] Gerade in der Auseinandersetzung mit Befürwortern der aktiven Sterbehilfe kann auf die Patientenverfügung als wirksames Mittel gegen sinnlose «Überbehandlungen» verwiesen werden.[324]

Doch ausser dem Verweigern bestimmter medizinischer Massnahmen können in einer Patientenverfügung auch bestimmte Behandlungen eingefordert werden. Noch beinhalten verhältnismässig wenige Patientenverfügungen Forderungen nach einem Nicht-Unterlassen von medizinischen Behandlungsmassnahmen.[325] Die Möglichkeit, in einer Patientenverfügung das Nicht-Unterlassen bestimmter Behandlungsmassnahmen anzuordnen, ist auch rechtlich und ethisch nicht unerheblich im Blick auf die Folgen eines immer dringender und grösser werdenden Sparzwangs im Gesundheitswesen auf Seiten der Krankenversicherer sowie der medizinischen und sozialen Dienste.

b) Einwände gegen die Patientenverfügung

Zahlreiche Autoren der vielen Veröffentlichungen der letzten fünf Jahre haben sich grundsätzlich positiv zur Patientenverfügung als Instrument des Selbstbestimmungsrechts geäussert.[326]

Doch die Patientenverfügung wird auch kritisiert. Beispielsweise äussert sich der Rechtsmediziner Wolfgang Spann gegen jede Bindungswirkung von Patientenverfügungen.[327] Die meisten Autoren allerdings wägen das Für und Wider ab und leisten so einen fundierten Beitrag zur politischen, juristischen, medizinischen und theologisch-ethischen Orientierung.[328]

Neben der grundsätzlich bestehenden Gefahr, interpretationsbedürftige Formulierungen oder sachlich Unklares einzubauen, beziehen sich die kritisch-ablehnenden Stimmen im Einzelnen auf Probleme bei der Abfassung und Umsetzung von Patientenverfügungen. Insbesondere bei Patientenverfügungen, die mehr als nur allgemeine Wertevorstellungen und Wünsche enthalten, stellt sich die Frage, ob sich die später eintretende Behandlungs- und Entscheidungssituation überhaupt ausreichend konkret vorsehen lässt, um genaue Behandlungsanweisungen treffen zu können. Denn selbst die umfassendste Aufklärung über mögliche zukünftige Szenarien und Verläufe, die in einer Patientenverfügung relevant sein könnten, wird wegen der unzähligen Variationen, die in der Zukunft möglicherweise auftreten, nicht jedes Detail berücksichtigen können und daher letztlich vage bleiben müssen. Dies gilt sowohl in Bezug auf die individuelle Situation des Patienten und dessen unvorhersehbaren Krankheitsverlauf als auch auf mögliche neue Behandlungsformen, die sich aus den Fortschritten der medizinischen Forschung ergeben können.[329]

Andererseits ist es schwierig, die zukünftige Krankheitssituation und das mit ihr verbundene Leiden zu antizipieren.[330] Für die Ärzte ist es eine Erfahrungstatsache, dass Kranke belastende Symptome und krankheitsbedingte Einschränkungen wie Schmerzen, Verlust der Mobilität, Angewiesensein auf die Hilfe anderer oder auf medizinische Technik ganz anders erleben als Gesunde und diese in weit grösserem Masse erdulden, als sie es sich selbst in gesunden Tagen hätten denken können. Meist sind

Kranke daher eher bereit, eingreifenden Therapiemassnahmen wie Gabe von Antibiotika, Chemotherapie oder Dialyse zuzustimmen als Gesunde. Es ist auch zu bedenken, dass Leiden und Sterben von Betroffenen anders wahrgenommen werden als von ihrem sozialen Umfeld. Eine Patientenverfügung, die – was nicht selten ist – erstellt wird aufgrund von Erfahrungen persönlicher Überforderung bei der Pflege sterbenskranker Angehöriger, entspricht so vielleicht gar nicht den (späteren) Interessen des Verfassers.[331]

Auch Herta Däubler-Gmelin, die Patientenverfügungen grundsätzlich für ausserordentlich aktuell und wichtig hält,[332] äussert punktuell besorgte Kritik, wenn sie ausführt: «Das Spannungsfeld zwischen dem Heute, das man kennt, in dem ich als Betroffene oder Patientin überlegen kann, was ich für später für mich will; in dem Heute, wo ich mir über die Voraussetzungen klar werden kann, unter denen ich die letzte Lebensphase bewältigen will. Ob das dann alles noch gilt, wenn die tatsächliche Lage eingetreten ist, kann ich nicht wissen. Das kann ich nur vermuten. Ausserdem muss ich mir auch darüber klar sein, dass ich bei dieser Vermutung und bei meiner Meinungsbildung auch Einflüssen aus dem Bereich der Gesellschaft unterliege. Alles das kann natürlich den Inhalt meiner Patientenverfügung und letztlich ihren Wert im Ernstfall beeinflussen – das Gleiche gilt im übrigen für die Beauftragung eines gesundheitlichen Bevollmächtigten»[333].

c) Fazit

Dieses Buch versteht sich als Orientierung, die den Lesenden ein Urteil nach eigenem Erwägen des geschilderten Für und Wider erleichtern soll. Die Entscheidung für oder gegen eine eigene Patientenverfügung kann jede und jeder nur für sich treffen. Wir haben uns entschieden und sind der Überzeugung, dass die Argumente dafür überwiegen. Diese Entscheidung heisst aber auch, dass wir versuchen wollen, die Bedenken dagegen zu integrieren. Wir möchten dazu ermutigen: Wer eine Patientenverfügung verfassen will, soll nach persönlichen Vorüberlegungen Hilfe von beratenden Fachpersonen, z.B. von Ärzten, Juristen und Seelsorgern, allenfalls unter Einbeziehung von Angehörigen und Vertrauenspersonen, anfordern, um die bestmögliche individuelle Lösung zu finden. So wird es vielleicht auch möglich sein, heikle Probleme angemessen zu lösen, etwa welche Form der Patientenverfügung gewählt werden soll und/oder ob allgemeine Formulierungen oder eine detaillierte Liste von Situationen und Behandlungswünschen in die Patientenverfügung aufgenommen werden sollten. «Die Patientenverfügung kann helfen, sie ist aber sicher kein ‹Allheilmittel› für Entscheidungen am Lebensende»[334]. «Patientenverfügungen [sind] weder Teufelszeug noch Königsweg der Selbstbestimmung»[335].

VII. Formen von Patientenverfügungen in der Schweiz

1. Grundsätzliches

Das Angebot an Vorlagen für Patientenverfügungen ist beinahe unüberblickbar. Es gibt Muster-Texte verschiedener Organisationen und mit dementsprechend unterschiedlichen spezifischen Weltanschauungen im Hintergrund.

Die im deutschsprachigen Raum bestehenden Patientenverfügungen lassen sich in drei Gruppen unterscheiden:
- Vorformulierte Patientenverfügungen: Der Text ist vollständig formuliert. In der Regel muss der Verfügende nur noch Datum und Unterschrift einsetzen (z.B. Patientenverfügung der Schweizer Ärztinnen und Ärzte FMH).
- Teilweise vorformulierte Patientenverfügungen, bei denen nähere Inhalte angefügt werden können oder die mit Checkboxen oder Auswahllisten, wo aus unterschiedlichen Optionen gewählt werden kann, arbeiten. Beispiele: Dialog Ethik (Schweiz), Caritas Schweiz.
- Individuell formulierte Patientenverfügungen: Jede Patientenverfügung wird gemeinsam mit der verfügenden Person formuliert und erstellt. Sie weisen einen hohen Detaillierungsgrad auf und enthalten üblicherweise auch eine Dokumentation

der persönlichen Wertebasis. Die Anwendungssituationen werden differenziert auf die Gesundheits- und Lebenssituation der verfügenden Person abgestimmt. Beispiel: Basler Patientenverfügung (GGG Voluntas Schweiz).[336]

Auch hinsichtlich der Länge weichen die bei uns gebräuchlichen Muster-Patientenverfügungen stark voneinander ab. Die Patientenverfügung der FMH nimmt eine einzige Seite ein, die Glarner Patientenverfügung beansprucht deren vier und die Vorlage von Dialog Ethik umfasst vierzehn Seiten.[337]

Sich in diesem «Dokumenten-Dschungel» zurechtzufinden, ist für den Verfasser einer Patientenverfügung nicht einfach. Beratung und Information sind daher angezeigt, und zwar nicht nur darüber, welche der Patientenverfügungen man wählen, sondern vor allem auch wie man mit ihnen umgehen soll. Es wäre gefährlich, solche Dokumente einfach tel quel auszufüllen oder gewisse vorgefertigte Sätze nur anzukreuzen, warnt Cornelia Knipping.[338] Als profunde Kennerin der Patientenverfügung sieht sie eine Gefahr in schematischen Patientenverfügungen, wenn diese ohne die notwendige Information, Beratung und Begleitung ausgefüllt werden: Die Patienten wiegen sich in Sicherheit, wenn sie angekreuzt haben, sie wollen keine lebensverlängernden Massnahmen. Knipping ist überzeugt, dass das Gespräch über eine zu verfassende Patientenverfügung sich nicht nur um medizinische Möglichkeiten drehen sollte, sondern auch um die persönlichen Werte – körperliche, seelische, soziale, kulturelle und spirituelle –, die hinter bestimmten Wünschen stehen. Oft, sagt sie, verschiebe sich die Sicht, wenn eine Fachperson sich die Mühe nähme, eine Person als Ganzes wahrzunehmen.

Das «beste Formular» für eine Patientenverfügung gibt es nicht. Eine Patientenverfügung ist stets eine sehr individuelle Angelegenheit, die auf die eigene Lebens- und Gesundheitssituation ausgerichtet werden muss.[339] Jedenfalls gilt: «Je klarer die Patientenverfügung ist und je konkreter sie auf die medizinische Situation zutrifft, desto gewichtiger gestaltet sich ihre Rolle im Entscheidungsprozess»[340].

2. Muster einer Patientenverfügung

Ohne andere Muster abwerten zu wollen – jede Vorlage hat ihre Vor- und Nachteile – weisen wir hier auf eine Muster-Patientenverfügung hin, die uns bei unseren Vorträgen zum Thema stets begleitet, die sympathisch wirkt, die ethischen Grundprinzipien entspricht, die überall gut aufgenommen wird und nach der eine grosse Nachfrage herrscht: Es ist dies die Patientenverfügung der Spital Thurgau AG (im Anhang abgedruckt).

Diese Patientenverfügung ist klar formuliert und belässt auch genügend Raum für «Persönliche Wünsche und Gedanken zum Leben». Es liegt ihr ein Merkblatt für Patienten und Angehörige bei, das gut verständlich geschrieben ist. Der Patientenverfügung der Spital Thurgau AG ist ferner ein Kärtchen angeheftet, das auf eine vorhandene Patientenverfügung hinweist und bequem ins Portemonnaie passt.[341] Die Ausarbeitung einer individuellen Patientenverfügung anhand dieses Formulars mit Hilfe von Fachpersonen erscheint uns als empfehlenswert.

VIII. Die neue Bestimmung «Patientenverfügung» § 33k im Gesetz über das Gesundheitswesen des Kantons Thurgau vom 5. Juni 1985

Die von der Autorin und KR Luzi Schmid im Januar 2006 eingereichte Motion betreffend passive Sterbehilfe und Patientenverfügung wurde im Grossen Rat erheblich erklärt. Der Gesetzestext, wie er in Kommission und Rat ausgearbeitet worden ist, entspricht demjenigen von § 31 Abs. 3 des Patientinnen- und Patientengesetzes des Kantons Zürich vom 5.4.2004.

Die Bestimmung über die Patientenverfügung war in den Gesetzgebungsarbeiten kein kontroverser Diskussionspunkt. Dies schon deshalb nicht, weil die thurgauische Gesetzesbestimmung sowieso nur eine Übergangslösung darstellen konnte für die Zeit bis zum Inkrafttreten der neuen bundesrechtlichen Regelungen über die Patientenverfügung. Mit deren Inkraftsetzung fällt der § 33k gemäss dem Satz «Bundesrecht bricht kantonales Recht» automatisch weg.

In der Kommissionsarbeit wurde festgehalten, dass die Formulierung «zu beachten» bewusst gewählt worden ist vor allem im Hinblick darauf, dass eine Muss-Vorschrift mit dem neuen Recht in Widerspruch stehen würde. Die Formulierung des Kantons Thurgau «zu beachten» bringt zum Ausdruck, dass die Patientenverfügung eine gewichtige Rolle bei der Ermittlung des mutmasslichen Willens des Patienten spielt und in die Entscheidungsfindung mit einbezogen werden muss.[342] Demnach lautet § 33k Gesundheitsgesetz (in Kraft seit 1.6.2010) wie folgt:

§ 33k «Patientenverfügung»
Eine Patientenverfügung ist zu beachten. Sie ist unbeachtlich, wenn sie gegen geltendes Recht verstösst oder Anhaltspunkte dafür bestehen, dass der Patient in der Zwischenzeit seinen Willen geändert hat.

IX. Vorsorgeauftrag und Patientenverfügung im neuen Erwachsenenschutzrecht des ZGB

1. Reform bringt Regelung der «eigenen Vorsorge»

Der Weg vom geltenden Vormundschaftsrecht, das ab 1912 kaum Veränderungen erfahren hat, bis zum neuen Vormundschaftsrecht (Erwachsenenschutzrecht, Personenrecht und Kindesrecht) war lang: 1993 begannen die Vorarbeiten mit der Einsetzung einer Expertenkommission durch das EJPD.[343] Die Gesetzgebungsarbeiten endeten mit der Annahme der Gesetzesvorlage durch den National- und Ständerat am 19.12.2008. Die Referendumsfrist dauerte bis 16.4.2009 und ist unbenutzt abgelaufen. Seither wartet die neue Gesetzesvorlage auf ihre Inkraftsetzung. Diese war ursprünglich auf den 1.1.2011 geplant, die Anpassungen in den Kantonen, die sich im Bereich der bisherigen Vormundschaftsbehörden ergeben haben, sind jedoch zeitlich und arbeitsmässig enorm aufwändig und nicht einfach in Bezug auf die Umsetzung. Der Bundesrat hat die Inkraftsetzung der neuen Bestimmungen nun auf den 1.1.2013 festgesetzt.

Das neue Erwachsenenschutzrecht beinhaltet unter dem Zehnten Titel, Erster Abschnitt «Die eigene Vorsorge.» Im ersten Unterabschnitt wird «Der Vorsorgeauftrag» und im zweiten Unterabschnitt «Die Patientenverfügung» geregelt.

Die bisherige Rechtslage insbesondere hinsichtlich der Verbindlichkeit von Patientenverfügungen und in Bezug auf die Gültigkeit von Vorsorgevollmachten ausserhalb des medizinischen Bereiches ist unklar und unsicher. Die Reform ist dieser unbefriedigenden Rechtssituation entgegengetreten und hat u. a. einen einheitlichen Rechtsrahmen für zwei wichtige Rechtsinstitute geschaffen: den Vorsorgeauftrag und die Patientenverfügung. Ausgangspunkt für den Reformgesetzgeber waren u. a. die Tatsachen, dass wegen des medizinischen Fortschritts heute auch gravierende Gesundheitsschäden nicht unbedingt zum Tode, wohl aber zu einer mehr oder weniger langen Urteilsunfähigkeit führen können, dass im Alter Krankheiten wie Alzheimer oder Demenz vermehrt auftreten und auch sonst die Gefahr besteht, dass unfallbedingte Ursachen, Erkrankungen oder Geburtsgebrechen zur Urteilsunfähigkeit oder Hilfsbedürftigkeit eines Menschen führen. Dann stellt sich die Frage, welche medizinischen Massnahmen ergriffen werden sollen und durch wen und wie der Betroffene betreut und vertreten werden will, damit nicht eine Abhängigkeit von staatlichen Stellen eintritt. Mittels der beiden nun gesetzlich verankerten Rechtsinstitute Vorsorgeauftrag und Patientenverfügung können rechtzeitig Vorkehrungen getroffen werden.[344] Zweck der Reform ist es also, «das Selbstbestimmungsrecht schwacher, hilfsbedürftiger Personen zu wahren und zu fördern, gleichzeitig aber auch die erforderliche Unterstützung sicherzustellen und gesellschaftliche Stigmatisierungen zu vermeiden».[345]

2. Der Vorsorgeauftrag nach Art. 360–369 nZGB

a) Allgemeines

Art. 360 nZGB definiert den Vorsorgeauftrag wie folgt:

[1] Eine handlungsfähige Person kann eine natürliche oder juristische Person beauftragen, im Fall ihrer Urteilsunfähigkeit die Personensorge oder die Vermögenssorge zu übernehmen oder sie im Rechtsverkehr zu vertreten.

[2] Sie muss die Aufgaben, die sie der beauftragten Person übertragen will, umschreiben und kann Weisungen für die Erfüllung der Aufgaben erteilen.

[3] Sie kann für den Fall, dass die beauftragte Person für die Aufgaben nicht geeignet ist, den Auftrag nicht annimmt oder ihn kündigt, Ersatzverfügungen treffen.

Das neue Rechtsinstitut des Vorsorgeauftrags ermöglicht einer handlungsfähigen Person, eine natürliche oder juristische Person, beispielsweise Familienmitglieder, Freunde, Banken, Rechtsanwälte, Treuhänder usw. damit zu beauftragen, für sie im Falle der Urteilsunfähigkeit die Personensorge oder die Vermögenssorge zu übernehmen oder sie im Rechtsverkehr zu vertreten. Mit dem Vorsorgeauftrag können Anordnungen, Bedingungen und Auflagen getroffen werden, die im Fall der Urteilsunfähigkeit die Gewährleistung der bisherigen Lebensführung und die Sicherung der zukünftigen Lebensplanung ermöglichen.[346]

b) Einige rechtliche Aspekte des Vorsorgeauftrags

Form: Der Vorsorgeauftrag ist eigenhändig zu errichten (d. h. von A–Z handschriftlich niederzuschreiben, zu datieren und zu unterzeichnen) oder öffentlich zu beurkunden.[347]

Handlungsfähigkeit (verlangt grundsätzlich Volljährigkeit und Urteilsfähigkeit) der auftraggebenden Person ist Voraussetzung.[348]

Widerruf des Vorsorgeauftrags durch die auftraggebende Person ist jederzeit in einer der Formen möglich, die für die Errichtung verwendet worden sind; die auftraggebende Person kann aber auch den Vorsorgeauftrag einfach vernichten oder einen neuen Vorsorgeauftrag errichten.[349]

Erfüllung des Vorsorgeauftrags: Die beauftragte Person vertritt im Rahmen des Vorsorgeauftrags die auftraggebende Person und nimmt ihre Aufgaben nach den Bestimmungen des Obligationenrechts wahr.[350]

Überwachung durch die Erwachsenenschutzbehörde: Das Erwachsenenschutzrecht ist ein Schutzrecht. Wenn eine Person eigene Anordnungen trifft, die im Fall eines späteren «Schwächezustandes» Anwendung finden sollen, so kann und soll ihr nicht für alle Zukunft sämtliche (behördliche) Hilfe versagt bleiben. Behördliches Eingreifen ist namentlich dann erforderlich, wenn die berufenen Vertretungspersonen entgegen den wohlverstandenen Interessen der betroffenen Person handeln, aber auch dann, wenn eigene «materielle» Anordnungen zu Unrecht (nicht) befolgt werden.[351]

Entschädigungen des Beauftragten werden – mangels Anordnungen – durch die Erwachsenenschutzbehörde in angemessener Höhe festgelegt. Der Beauftragte kann für den Vorsorgeauftrag jederzeit die *Kündigung* mit einer zweimonatigen Kündigungsfrist aussprechen, und bei *Wiedererlangen der Urteilsfähigkeit* des Auftraggebers verliert der Vorsorgeauftrag seine Wirksamkeit ohne Weiteres.[352]

3. Die Patientenverfügung nach Art. 370–373 nZGB

a) Allgemeines

Art. 370 nZGB definiert die Patientenverfügung wie folgt:

> [1] Eine urteilsfähige Person kann in einer Patientenverfügung festlegen, welchen medizinischen Massnahmen sie im Fall ihrer Urteilsunfähigkeit zustimmt oder nicht zustimmt.
>
> [2] Sie kann auch eine natürliche Person bezeichnen, die im Fall ihrer Urteilsunfähigkeit mit der behandelnden Ärztin oder dem behandelnden Arzt die medizinischen Massnahmen besprechen und in ihrem Namen entscheiden soll. Sie kann dieser Person Weisungen erteilen.
>
> [3] Sie kann für den Fall, dass die bezeichnete Person für die Aufgaben nicht geeignet ist, den Auftrag nicht annimmt oder ihn kündigt, Ersatzverfügungen treffen.

Die Patientenverfügung ermöglicht es einer urteilsfähigen Person im Voraus festzulegen, welchen medizinischen Massnahmen sie im Fall ihrer Urteilsunfähigkeit zustimmt oder nicht zustimmt. Zudem kann sie auch eine natürliche Person bezeichnen, die im Fall ihrer Urteilsunfähigkeit mit den behandelnden Ärzten die medizinischen Massnahmen besprechen und in ihrem Namen entscheiden soll, wobei der Vertretungsperson Weisungen erteilt werden können. Eine urteilsfähige Person kann auch für den Fall, dass die bezeichnete Vertretungsperson sich als ungeeignet erweist, den Auftrag nicht annimmt oder ihn kündigt, Ersatzverfügungen treffen.[353]

b) Voraussetzungen und Wirkungen der Patientenverfügung
Form: Das Erstellen einer Patientenverfügung hat schriftlich, unter Angabe von Datum und Unterschrift, zu erfolgen. Ein Eintrag auf der Versichertenkarte ist möglich.[354]

Für die verfügende Person ist *Urteilsfähigkeit* Voraussetzung. Diese genügt, weil für die Einwilligung in medizinische Massnahmen als Ausübung eines relativ höchstpersönlichen Rechts Urteilsfähigkeit ausreicht.[355] Für *Widerruf* und *Überwachung durch die Erwachsenenschutzbehörde* gelten sinngemäss die entsprechenden Bestimmungen über den Vorsorgeauftrag.[356]

Bei Eintritt der *Urteilsunfähigkeit des Patienten* und wenn nicht bekannt ist, ob eine Patientenverfügung vorliegt, hat der behandelnde Arzt oder die Ärztin dies anhand der Versichertenkarte abzuklären. Der Arzt oder die Ärztin hat der Patientenverfügung zu entsprechen, ausser wenn diese gegen gesetzliche Vorschriften verstösst oder wenn begründete Zweifel bestehen, dass sie auf freiem Willen beruht oder noch dem mutmasslichen Willen des Patienten entspricht.[357]

Das revidierte Erwachsenenschutzrecht geht erstmals auf Bundesebene vom Grundsatz der *Verbindlichkeit* von (genügend bestimmten) Patientenverfügungen aus.[358] Die Botschaft des Bundesrats bezieht ausdrücklich Stellung gegen die Meinung, dass die Patientenverfügung lediglich als Hilfsmittel in der Ermittlung des mutmasslichen Willens der urteilsunfähigen Person heranzuziehen sei, so wie es etwa in der Biomedizin-Konvention des Europarates oder in manchen kantonalen Gesundheitsgesetzen festgelegt ist und auch in der Lehre für das geltende Recht zuweilen vertreten wird. «Die Patientenverfügung gilt mit anderen Worten als wirklicher (und aktueller) Wille der betroffenen Person im Moment des fraglichen Eingriffs. Damit folgt die revidierte Ordnung – ganz im Sinne der grösstmöglichen Verwirklichung der Selbstbestimmung – dem Bild der aufgeklärten, selbstverantwortlichen, gestaltungswilligen und -fähigen Bevölkerung. Dieses Bild beruht auf der Vorstellung, dass urteilsfähige und gesunde Menschen in der Lage sind, verantwortungsvolle Anordnungen für einen Zustand zu treffen, den sie noch nicht erfahren haben, und soll dem Umstand Rechnung tragen, dass bei jeder Einschränkung der Verbindlichkeit der Patientenverfügung ‹an die Stelle von Selbstbestimmung Fremdbestimmung tritt›»[359].

Da das neue Recht vom Grundsatz der Verbindlichkeit der Patientenverfügung ausgeht, ist eine rechtsgültige Patientenverfügung in der Form von konkreten Anordnungen mit Blick auf bestimmte medizinische Massnahmen am Lebensende künftig als unmittelbare Einwilligung in eine medizinische Massnahme bzw. als direkte Verweigerung einer ärztlichen Behandlungsmassnahme aufzufassen. Die Bezeichnung einer Vertretungsperson im Gesetz führt ihrerseits dazu, dass zur Zustimmung zu einer Massnahme bzw. zur stellvertretenden Rechtsausübung ausschliesslich diese eine Person berechtigt ist.[360]

4. Überlegungen zur Patientenverfügung in Abgrenzung zum Vorsorgeauftrag

Neben den strengeren Formvorschriften beim Vorsorgeauftrag und den unterschiedlichen Hinterlegungsmöglichkeiten sind auch die Anforderungen an die persönlichen Voraussetzungen der Verfügenden bei den beiden Rechtsinstituten unterschiedlich geregelt. Beim Vorsorgeauftrag wird *Handlungsfähigkeit*, bei der Patientenverfügung *Urteilsfähigkeit* als eine der formellen Gültigkeitsvoraussetzungen verlangt. Deshalb kann eine Patientenverfügung im Gegensatz zum Vorsorgeauftrag von noch nicht mündigen oder im Sinne des neuen ZGB unter umfassender Beistandschaft stehenden Personen verfasst werden, wenn sie die Tragweite ihrer Verfügungen, insbesondere die medizinischen Konsequenzen verstehen und eingehen wollen.

Von einer Kombination von Vorsorgeauftrag mit Patientenverfügung ist nicht nur wegen der unterschiedlichen Formvorschriften, Hinterlegungsmöglichkeiten, Vollzugsvoraussetzungen und Abänderungsmöglichkeiten abzuraten, sondern auch wegen ihrer unterschiedlichen Zweck- und Anwendungsbestimmungen.

Die Patientenverfügung zielt fast ausschliesslich darauf ab, welche medizinischen Massnahmen im konkreten ärztlichen Betreuungsfall abgelehnt oder angenommen werden, und ist somit direkt an die Ärztinnen und Ärzte gerichtet, deren Handlungen solchen Verfügungen immer unterworfen sind, wenn das Verfügte nicht gegen moralische oder rechtliche Vorschriften verstösst oder Zweifel am freien oder mutmasslichen Willen der betroffenen Personen bestehen. Eine Patientenverfügung ist folglich dann exakt zu beachten, wenn die konkrete Behandlungssituation eingetreten ist, wogegen der Vorsorgeauftrag zeitlich wie sachlich längeren bzw. grösseren Interpretationsspielraum offenhalten muss.

Ohne Patientenverfügung plant das behandelnde Ärzteteam die nötigen Eingriffe nach seinen berufsmoralischen Vorstellungen und wissenschaftlichen Erkenntnissen. Solche medizinische Wertungen können, wenn keine rechtsgültigen Patientenverfügungen vorliegen, von den persönlichen Vorstellungen der urteilsunfähigen Betroffenen mehr oder weniger abweichen. Zwar werden die Ärzte die im Vorsorgeauftrag beauftragten Vertreter bei Entscheidungen über medizinische Eingriffe oder deren Unterlassung mit einbeziehen und über alle Umstände informieren. Aber auch wenn der Vertreter gemäss Vorsorgeauftrag die persönliche Fürsorge vorzunehmen hat, dürfte ihm ohne Patientenverfügung bei medizinischen Entscheidungen der konkrete Handlungsspielraum fehlen.

Dritter Teil

Passive Sterbehilfe

I. Die verschiedenen Formen der Sterbehilfe

1. Was bedeutet «Sterbehilfe»?

Euthanasie und Sterbehilfe sind hochaktuelle Themen. Das Problemfeld ist komplex. Dies zeigt schon ein Blick auf die Begrifflichkeit: *eu thanatos* (griechisch) heisst wörtlich übersetzt «guter Tod». Der Begriff indes ist ambivalent, denn er kann sowohl das Eintreten als auch die Herbeiführung des «guten Todes» bezeichnen. Ebenfalls ambivalent ist der Begriff Sterbehilfe. Damit kann Hilfe *beim* Sterben oder Hilfe *zum* Sterben gemeint sein.[361]

Die terminologische Unterscheidung in direkte aktive, indirekte aktive und passive Sterbehilfe ist indessen rein deskriptiv und beinhaltet begrifflich noch keine Zulässigkeitsurteile.[362] Um «Sterbehilfe» juristisch und ethisch erfassen und beurteilen zu können, ist eine allgemein gebräuchliche begriffliche Unterteilung nötig.[363]

2. Definitionen

a) Passive Sterbehilfe
Man spricht von passiver Sterbehilfe, wenn der behandelnde Arzt den Einsatz von Mitteln, die das Leben des unheilbar Kranken verlängern könnten, entweder überhaupt unterlässt oder abbricht; in beiden Fällen lässt der Arzt dem mit der Krankheit verbundenen natürlichen Kausalgeschehen freien Lauf.[364] Die passive Sterbehilfe ist – wo sie durch echtes Unterlassen erfolgt – in jedem Falle straflos.[365]

Das «Problemfeld» Sterbehilfe ist vielschichtig. «Sterbehilfe» als Begleitung Sterbender («Hilfe beim Sterben») im Sinne der Palliativmedizin gehört ebenfalls dazu.[366] Darunter werden alle seelsorgerlichen und pflegerischen Massnahmen verstanden, die dem Menschen zu einem «guten Sterben» verhelfen – auch die Anwendung von Schmerzmitteln. Dies wird auch als «reinste» und selbstverständliche Sterbehilfe bezeichnet. Ziel ist Lebenshilfe für den Patienten im letzten Abschnitt seines Lebens. Diese Sterbebegleitung bringt keine Lebensverkürzung mit sich.[367]

b) Direkte aktive Sterbehilfe

Direkte aktive Sterbehilfe bezeichnet die gezielte Tötung zur Verkürzung der Leiden eines anderen Menschen.[368] Bei diesem Töten geht es um eine «den Organismus von aussen treffende und ihn unmittelbar tödlich schädigende Einwirkung, sei es durch eine Verletzung oder die Zuführung einer schädlichen Substanz, wie z. B. die Injektion eines Herzgifts». Dabei wird der Arzt zum eigentlichen Verursacher des Todes eines anderen Menschen.[369]

Erfolgt die bewusste Tötung eines Menschen aus achtenswerten Beweggründen und auf dessen ernsthaftes und eindringliches Verlangen, spricht man von «Tötung auf Verlangen». Dieser Tatbestand (Art. 114 StGB) wird in der Schweiz gegenüber der Strafnorm der vorsätzlichen Tötung (Art. 111 StGB) privilegiert behandelt. Die «Tötung auf Verlangen» ist die mit der geringsten Strafe bedrohte vorsätzliche Tötung.[370]

Die direkte aktive Sterbehilfe im Sinne der Tötung auf Verlangen muss – aufgrund eines moralisch relevanten Unterschieds – gegen die Suizidbeihilfe abgegrenzt werden. Bei der Beihilfe zum Suizid tötet der Arzt nicht selbst; er richtet sein Handeln – die Beschaffung und Bereitstellung des tödlich wirkenden Mittels – nicht unmittelbar gegen den Körper und damit gegen die Person des Patienten. Der Arzt akzeptiert dessen Urteil über die Wertlosigkeit seines Lebens, vollzieht es aber nicht selbst. Nach Art. 115 StGB bleibt die Suizidbeihilfe in der Schweiz straflos, sofern sie nicht aus selbstsüchtigen Beweggründen erfolgt.[371]

c) Indirekte aktive Sterbehilfe

Bei der indirekten aktiven Sterbehilfe handelt es sich um das Inkaufnehmen eines möglicherweise früheren Todeseintrittes bei der Behandlung schwerer Schmerz- und Leidenszustände mit schmerzlindernden Medikamenten.[372] Ziel des Handelns liegt in der Linderung des unerträglichen Leidens und nicht in der Beendigung des Lebens, auch wenn der Sterbevorgang dadurch beschleunigt werden kann.[373] Bei der Beurteilung der indirekten aktiven Sterbehilfe sollte nicht von vorneherein davon ausgegangen werden, dass die Nebenwirkung der in ausreichender Menge gegebenen Schmerzmittel, nämlich die Beschleunigung des Todes, etwas Häufiges sei. Dies ist durchaus nicht der Fall; es ist vielmehr häufig so, dass gerade durch die Beseitigung des Schmerzstresses das Leben eher verlängert als verkürzt wird.[374] Diese Sterbehilfeart wird von keinem Straftatbestand erfasst, sie ist somit straflos.[375]

II. Aspekte der passiven Sterbehilfe im Lichte von Ethik und Recht

1. Entstehung des Begriffs passive Sterbehilfe (passive Euthanasie)

Bis 1870 wurde in Grossbritannien nicht über die lebensverkürzende Sterbehilfe debattiert. Dies änderte sich, als ab diesem Jahr mit einer gewissen Regelmässigkeit Schriften für die lebensverkürzende Sterbehilfe publiziert wurden.[376] Die Initiative für eine offene Auseinandersetzung über Theorie und Praxis der lebensverkürzenden Sterbehilfe ging von Samuel D. Williams Jr. aus Birmingham aus, der nicht Arzt, sondern Lehrer und Schriftsteller war. Williams forderte in einem 1870 erschienenen Essay unter dem Titel «Euthanasia» erstmals, dass der Arzt Patienten mit «hoffnungsloser und schmerzhafter Krankheit» auf deren Verlangen Chloroform oder andere Anästhetika geben dürfe, um ihnen so zu einem «raschen und schmerzlosen Tod» zu verhelfen.[377] Für den möglichen Vollzug dieser Tötung auf Verlangen

115

gibt Samuel D. Williams keine besonderen Bedingungen an. Er betrachtet die Vollstreckung als ärztliche Pflicht, setzt sich klar von der Lehre der Heiligkeit des Lebens ab und erachtet die Autonomie des Menschen über sein Leben als heilig.[378] Nach Williams erscheint der Wert des Lebens eines sterbewilligen Schwerstkranken nicht nur für diesen, sondern auch für andere als nutzlos.[379] Die «Euthanasia» hat in der Öffentlichkeit Beachtung gefunden.[380]

Im März 1871 wurden die von Williams erhobenen Forderungen in der Zeitschrift «The Spectator» als mit der ärztlichen Berufspflicht unvereinbar kritisiert.[381] 1873 griff der englische Philosoph Lionel Arthur Tollemache in die Euthanasie-Debatte ein und verteidigte den von Williams in einem «The New Cure for Incurables» betitelten Essay in der Zeitschrift «The Fortnightly Review» gemachten Vorschlag.[382] Tollemache vertrat die Meinung, es sei auf den theologischen Optimismus (alles ist von Gott geregelt) zurückzuführen, wenn ein Widerspruch zwischen theologischem und industriellem Geist entstanden sei.[383] Dieser Beitrag belegt, dass die Herkunft der neuen Gedanken zur Euthanasie im Utilitarismus, dem aufkommenden Sozialdarwinismus bzw. dessen Wurzeln in den Überlegungen zum Bevölkerungswachstum zu suchen sind. Dieser Ansatz bezieht sich u. a. auf die bevölkerungspolitischen Überlegungen des Nationalökonomen Th. R. Malthus.[384] Im selben Jahr 1873 schloss sich Francis William Newman, ein emeritierter Professor der Altphilologie, in einem Leserbrief Tollemache an[385] und wies darauf hin, dass nach seiner Meinung der Widerstand gegen eine Lebensverkürzung bei Schwerstkranken übertrieben sei, denn man könne Missbräuche bei der lebensverkürzenden Euthanasie sicher verhindern. Nach Newman ist es Pflicht eines unheilbar Kranken aus dem Leben zu scheiden, denn es komme häufig vor, dass unheilbar krankes Leben für den Träger selbst wertlos geworden sei und die Gesundheit von Personen aus seiner Umgebung zu ruinieren vermöge; er selbst würde es als schrecklich empfinden, wenn jugendliche Gesundheit dafür geopfert werden müsste, damit seinem (Newmans) verbrauchten Leben noch einige Tage oder Wochen hinzugefügt werden könnten. Im Wei-

teren schlug Newman vor, dass staatliche Kommissionäre Irren-
anstalten aufsuchen, um die Anstaltsleiter darüber zu befragen,
ob das Leben hoffnungslos kranker Insassen nicht beendet werden sollte.[386]

Wie in England begann auch in den USA die intensive Auseinandersetzung um die «Euthanasie» erst in der 2. Hälfte des 19. Jahrhunderts. 1873 veröffentlichte eine in Philadelphia populäre
medizinische Zeitschrift ein «Editorial» unter dem Titel «The
Euthanasia», worin behauptet wurde, dass amerikanische Ärzte
ihren hoffnungslos erkrankten und schmerzvoll leidenden Patienten Opium und andere Narkotika in so hohen Dosen verabrei-
chen würden, dass der Kranke in einen tiefen Schlaf falle, aus
dem er nicht mehr erwache.[387] Für die Befürworter der lebensverkürzenden Euthanasie meldete sich im Jahr 1874 O.M.
Wozencroft mit dem Artikel «Euthanasy» zu Wort: Es gebe auch
Leiden, die eine andauernde unerträgliche Belastung mit sich
brächten und die weder dem Leidenden selbst noch irgendje-
mand anderem einen ausgleichenden Nutzen verschaffen würden.[388] 1879 reagierte zuerst die «South Carolina Medical Asso-
ciation» ablehnend auf die Forderungen von Williams und
Tollemache.[389] Bei den kontrovers geführten Diskussionen im
Ausschuss dieser Gesellschaft stand die Frage im Vordergrund,
ob in gewissen extremen Fällen das Leben des Patienten abge-
kürzt werden dürfe. Im Zuge dieser Debatte erklärte Dr. J.F.M.
Geddings, dass schreckliche Missbräuche die Folge wären, wenn
die Tür für solche Praktiken geöffnet würde. Demgegenüber
äusserte Dr. T.T. Robertson die Ansicht, dass diese Form der
«Euthanasie» eines Tages selbstverständlich sein werde. Der
Arzt Dr. Robertson fügte bei, dass er selbst schon lebensverkürzende Euthanasie praktiziert habe und dies im Wissen kundtue,
dass einige Theologen sich schockiert fühlen würden.[390]

Ein Editorial im angesehenen «Boston Medical and Surgical
Journal» vom 3. Januar 1884 unter dem Titel «Permissive Euthanasia» lehnte die geforderte Euthanasiepraxis ebenfalls ab, formulierte hingegen unter der Bezeichnung «passive euthanasia»
einen Kompromissvorschlag im Hinblick auf die ärztliche Pra-

xis.[391] Dieser Vorschlag sieht vor, dass «extreme» und «heroische» Mittel in der Behandlung Unheilbarer bzw. schwer Leidender zur Lebensverlängerung nicht mehr eingesetzt werden sollen. Einerseits kannte die ärztliche Praxis zunehmend Grenzfälle, in denen eine Entscheidung schwerfiel, andererseits war die von Williams und Tollemache geforderte Praxis gegen jede moralische Intuition gerichtet.[392] Der Vorschlag in deutscher Sprache lautet: «Vielleicht ist es vom Standpunkt der Logik schwierig [zu verstehen], mehr für einen passiven als für einen aktiven Ansatz in Bezug auf die ‹Euthanasie› einzutreten; aber sicher ist dieser [passive Ansatz] für unsere Gefühle weniger abstossend. Stärkeren Kräften zu weichen ist nicht dasselbe, wie den Angriff des Feindes auf die eigenen Freunde zu führen [...] Dies war wohl der Zeitpunkt, an dem erstmals bewusst die Unterscheidung zwischen aktiver und passiver Euthanasie im heutigen Sinn durchgeführt wurde!»[393], schreibt Benzenhöfer. Auch Zimmermann-Acklin wertet das Editorial in diesem Sinne: «es ist offensichtlich das erste Mal, dass die Aktiv-Passiv-Unterscheidung begrifflich auftaucht»[394].

Diese erste klare Definition der passiven Sterbehilfe mit der Abgrenzung gegenüber der aktiven Sterbehilfe stellt einen Markstein in der Geschichte der Euthanasie dar. Der Passus «Stärkeren Kräften zu weichen [...]» gibt einfühlsam die Empfindungen des Arztes wieder, der das Sterben seines Patienten akzeptiert, nicht als «Niederlage» seiner ärztlichen Tätigkeit sieht und den Patienten nicht noch sinnlosen und quälenden Behandlungsmassnahmen aussetzen möchte, um ihm noch eine kurze Zeitspanne der Lebensverlängerung zu verschaffen, sondern gewillt ist, dem Sterbeprozess seinen freien, natürlichen und schicksalhaften Lauf zu lassen. Aus der Formulierung «ist nicht dasselbe, wie der Angriff des Feindes auf die eigenen Freunde zu führen», wird das zwischen Arzt und Patienten insbesondere in der Sterbesituation bestehende Freundes- und Vertrauensverhältnis in beeindruckender Weise ersichtlich.

2. Die passive Sterbehilfe – ein Sterbenlassen

a) Was bedeutet passive Sterbehilfe?

Passive Sterbehilfe ist ein «Sterbenlassen», bei dem es darum geht, einem «bereits begonnenen innerorganismischen Krankheits- und Zerfallsprozess seinen Lauf zu lassen, ohne die zentralen Lebensfunktionen durch medizinische Eingriffe zu stützen»; das «Sterben» ist letztlich das Ergebnis einer «fortschreitenden Desintegration des Organismus aus sich selbst heraus, sei es infolge von Alter oder Krankheit»[395]. Bei der passiven Sterbehilfe wird auf eine lebensverlängernde Therapie verzichtet, um einen Kranken sterben zu lassen, bei dem erwartet werden muss, dass eine weitere Behandlung lediglich eine Verlängerung seiner Qualen bringen würde.[396] Der Verzicht auf die Fortführung einer begonnenen Handlung in einem Bild ausgedrückt: Wenn die Feuerwehr bei einem Hausbrand nach langen Löschversuchen den Brand nicht eindämmen konnte, den Versuch einstellt und das Haus brennen lässt, wird sie deshalb niemand der Brandstiftung bezichtigen.[397]

In der Literatur wird teilweise das Kriterium der «Sinnlosigkeit» lebensverlängernder Massnahmen als für die passive Sterbehilfe kennzeichnend betrachtet. Dazu ein Beispiel: Es wäre völlig sinnlos, wenn ein alter, von Schmerzen geplagter Mann mit einem inoperablen Karzinom, der an einem Herzversagen stirbt, aus Prinzip noch an ein Reanimationsgerät angehängt würde, damit er noch eine Stunde länger leben könnte.[398] Unbestrittenes Kriterium der passiven Sterbehilfe ist, dass die Grundpflege für Sterbende auch nach einem Behandlungsabbruch aufrechterhalten wird, um dem Sterbenden die grundrechtlich garantierte Menschenwürde zu gewährleisten.[399] Die grundsätzliche Pflicht des Arztes, dem Sterbenskranken wie allen Kranken bis zu ihrem Tod zu helfen, besteht in Behandlung, Beistand und Pflege. Ziel ist, dem Sterbenden so zu helfen, dass er bis zu seinem Tod in Würde leben kann. Er hat einen Anspruch auf angemessene (den Menschen würdigende) Unterbringung, bestmögliche Pflege sowie intensive menschliche Begleitung und Zuwendung. Wenn sich der Zustand derart verschlechtert hat, dass sich bei infauster Prognose die Frage nach einem Verzicht auf lebensverlängernde Massnahmen stellt, so müssen unbedingt die ärztlichen Aufgaben zur Basishilfe erfüllt werden: angemessene Körperpflege, geeignete Schmerztherapie, Freihalten der Atemwege, genügend Flüssigkeitszufuhr und entsprechende natürliche oder künstliche Ernährung.[400]

Die passive Sterbehilfe ist nicht Tötung. Selbst das Abschalten des Beatmungsgeräts bei einem Todkranken – obgleich eine physische Handlung mit Todesfolge – ist keine Tötung. Sterbenlassen kann ebenso durch physisches Tun (Abschalten eines lebensverlängernden Geräts) wie durch Nichts-Tun (Verzicht auf Behandlung) realisiert werden. Oder man denke an einen Arzt, der die Wahl hat zwischen einer (das Sterben nicht aufhaltenden) Kochsalz-Infusion, einer (therapeutisch, also lebensverlängernden) Bluttransfusion und einer (tödlichen) Kalium-Infusion: Seine physische Aktion ist jedes Mal dieselbe, der Handlungssinn aber – bezogen auf den Organismus des Patienten – ist verschieden.[401] Das Abstellen eines Beatmungsgerätes bei einem todkranken Patienten stellt lediglich einen Verzicht auf die Fortführung der begonnenen Behandlung dar, weshalb es nichts anderes ist als der Rückzug einer medizinischen Massnahme.[402] Der Abbruch einer Behandlung und die tödliche Injektion sind zwar beides physische Handlungen, die in der Sterbephase gleichermassen den voraussehbaren Tod nach sich ziehen, der Unterschied des verursachenden Handelns besteht aber in der Kausalität: Eine tödliche Injektion beendet das Leben des Kranken ebenso wie des Gesunden; der Behandlungsabbruch dagegen führt nur beim Sterbenskranken zum Tod, beim Gesunden hätte er gar keine Auswirkung.[403]

Die Handhabung der passiven Sterbehilfe ist in der Praxis nicht immer einfach. Ab welchem Zeitpunkt soll beispielsweise eine Lungenentzündung bei einem schwer Demenzkranken nicht mehr therapiert werden, wenn dieser nur noch wenige Wochen, Monate oder auch noch ein Jahr zu leben hätte? Wann ist eine Krebserkrankung, die mit grösster Wahrscheinlichkeit zum Tode führen wird, in das «terminale» Stadium eingetreten, in dem medizinische Behandlungsmassnahmen unterbleiben können? Auch die Prognosestellung kann bei der praktischen Anwendung dieser Art Sterbehilfe einen Schwachpunkt darstellen. Dazu folgendes Beispiel: Der Neurochirurg Prof. Dr. Charles Probst schildert einen Fall, den er in der Aarauer Klinik erlebte, bei dem eine 76-jährige Patientin – sie war komatös, aufgrund eines Schädelhirntraumas halbseitengelähmt – nach einer Operation weiterhin gelähmt blieb. Die Patientin litt an einer zerebralen Sprachstörung, dazu traten eine Magen-Darmblutung und eine Pneumonie auf. In dieser Situation beendete das Ärzteteam nach Rücksprache mit den Angehörigen sämtliche lebensverlängernden Massnahmen. Wider alle Erwartungen kam es dann aber zu einer zunehmenden Besserung, und die Patientin erholte sich praktisch vollständig. Sie kam noch jahrelang ohne fremde Hilfe und Begleitung zu Prof. Probst in die Sprechstunde.[404]

b) Passive Sterbehilfe aus ethischer Sicht

aa) Christliche Positionen
In christlichen Standpunkten wird an der Zulässigkeit und ethischen Verantwortbarkeit der passiven Sterbehilfe nicht gerüttelt.

Im Oktober 1970 führte Papst Paul VI. vor katholischen Ärzten aus, dass die aktive Sterbehilfe niemals legalisiert werden dürfe. Die passive Sterbehilfe hingegen wurde vom Papst befürwortet. Er erklärte den Ärzten, dass sie zwar die Pflicht hätten, den Tod mit allen der Wissenschaft zur Verfügung stehenden Mitteln zu bekämpfen, fügte aber hinzu, dass sie deshalb nicht gezwungen seien, sämtliche von der Wissenschaft entwickelten Überlebenstechniken anzuwenden, um den Patienten am Leben zu erhalten.[405]

In der «Erklärung zur Euthanasie» der Kongregation für die Glaubenslehre vom 5.5.1980 wird in höchst eindrücklichen Worten Bezug auf die passive Sterbehilfe genommen: «Wenn der Tod näher kommt und durch keine Therapie mehr verhindert werden kann, darf man sich im Gewissen entschliessen, auf weitere Heilversuche zu verzichten, die nur eine schwache oder schmerzvolle Verlängerung des Lebens bewirken könnten, ohne dass man jedoch die normalen Hilfen unterlässt, die man in solchen Fällen einem Kranken schuldet. Dann liegt kein Grund vor, dass der Arzt Bedenken haben müsste, als habe er einem Gefährdeten die Hilfe verweigert»[406].

In der Textsammlung «Kirchliche Erklärungen» nehmen die beiden grossen Kirchen Deutschlands entschieden gegen die aktive Sterbehilfe Stellung, fokussieren aber in Bezug auf die passive Sterbehilfe die Sicht des Kranken: «Anspruch auf ein menschenwürdiges Sterben kann ferner bedeuten, dass nicht alle medizinischen Mittel ausgeschöpft werden, wenn dadurch der Tod künstlich hinausgezögert würde. Dies trifft beispielsweise zu, wenn durch ärztliche Massnahmen, durch eine Operation etwa, das Leben zwar geringfügig verlängert wird, jedoch mit der Not und Last, dass der Kranke in dieser gewonnenen Lebenszeit trotz oder infolge der Operation unter schwersten körperlichen oder geistigen Störungen leidet. In dieser Situation ist die Entscheidung des Kranken, sich einer Operation nicht mehr zu unterziehen, sittlich zu achten.»[407]

Auch der evangelische Theologe Karl Barth lehnte die aktive Sterbehilfe entschieden ab, wendete sich aber auch gegen eine künstliche Lebensverlängerung um jeden Preis mit den Worten: «Man wird aber in dieser Hinsicht allerdings die Frage nicht ganz unterdrücken können, ob es bei dieser Art künstlicher Lebensverlängerung immer mit rechten Dingen zugeht, ob hier nicht auch so etwas wie ein menschlicher Übergriff in der entgegengesetzten Richtung vorliegen könnte? Ob hier ärztliche Pflichterfüllung nicht doch schon zum Fanatismus, Vernunft nicht doch schon Unsinn, gebotene Wohltat nicht doch schon zur verbotenen Plage menschlichen Lebens zu werden droht? Der Fall ist mindestens denkbar, daß ein Arzt vor solcher Lebensverlängerung ebenso zurückschrecken könnte und müsste wie vor einer eigenwilligen Lebensverkürzung»[408].

Basis unserer schweizerischen Gesetze ist das christlich-abendländisch aufgeklärte Ethos; die handlungsrelevante christlichethische Überzeugung findet sich jedoch ähnlich in allen Weltreligionen und bildet auch die Basis atheistischer Überzeugungen.[409]

bb) Ethisch verantwortbare passive Sterbehilfe
Das Sterben bewegt sich in einem hochsensiblen Bereich, in den es schwierig ist, mit Wertungen einzudringen. Es ist aber von eminenter Bedeutung für den Staat, die Gesellschaft und nicht zuletzt für die einzelnen Bürger, die ja alle als sterbende bzw. schwere Schmerzen leidende Menschen in der Endphase ihres Lebens dereinst Betroffene sein können, zu wissen, welche Art von Sterbehilfe ethisch vertretbar ist und welche nicht. Eine ethische Wertung der passiven Sterbehilfe ist auch deshalb nötig, weil sie bei uns häufig vorkommt. Dies zeigt das Resultat der im Kap. Patientenverfügung II.1 erwähnten «EURELD/MELS-Studie» von 2003. Unter den verglichenen Ländern verzeichnet die Schweiz damit die meisten Fälle von passiver Sterbehilfe.[410]

Über die medizinisch-ethische Bewertung der passiven Sterbehilfe besteht praktisch völlige Einmütigkeit: Sie kann erlaubt, manchmal sogar geboten sein, wenn die Verlängerung des Sterbeprozesses für den Kranken sinnlos ist.[411]

Wir sind überzeugt, dass es gewichtige, moralisch relevante Unterschiede zwischen der passiven und der aktiven Sterbehilfe gibt, die den Schluss erlauben, dass passive Sterbehilfe ethisch voll verantwortbar ist, die aktive Sterbehilfe hingegen als ethischen Grundprinzipien widersprechend abgelehnt werden muss. Bei der Begründung der ethischen Wertung der beiden Sterbehilfeformen schliessen wir uns insbesondere der Meinung von Spaemann/Fuchs an, fügen aber auch eigene Überlegungen hinzu.

Bei der passiven Sterbehilfe handelt der Arzt im Rahmen seiner traditionellen Rolle als Heilender und Helfender. Grundlage des Vertrauensverhältnisses zum Patienten ist die ärztliche Aufgabe und Pflicht, menschlichem Leben nicht zu schaden, sondern es zu erhalten, zu fördern und zu schützen. Der Arzt agiert im Rahmen seiner traditionellen Rolle, wenn er – um dem Patienten ein würdevolles Sterben zu ermöglichen – von lebensverlängernden Behandlungen absieht, die nicht mehr sinnvoll und für den Patienten schwer belastend sind, und wenn er das Kommen des unausweichlichen Todes respektiert bzw. akzeptiert in dem Sinne, dass er (gemäss der ersten Definition der passiven Sterbehilfe von 1884) den im Vergleich zu seiner Heilkunst «stärkeren Kräften weicht».[412]

Dazu ein Beispiel aus der Onkologie: Gnadenlose Chemotherapie-Schemata waren verantwortlich dafür, dass für krebskranke Patienten die letzten Lebensmonate zur Qual wurden. Alles schien besser als «der Natur ihren Lauf zu lassen». Von dieser Haltung hat die Onkologie bereits vielfach Abstand genommen. Sie besinnt sich darauf, dass das Nicht-Handeln wertvoller sein kann als das Handeln um jeden Preis. Der Abbruch der Behandlung bedeutet für den Arzt, auf die Macht seiner Heilkunst zu verzichten, sich dem Tod nicht mehr in den Weg zu stellen, das Sterben des Patienten geschehen zu lassen und damit dessen Leiden ebenso zu ertragen wie seine eigene Ohnmacht. Gerade diese veränderte Situation ermöglicht es dem Arzt, den Pflegenden und Angehörigen eine neue, innere Aktivität der eigentlichen Sterbebegleitung zu geben, die zu einer Zeitspanne intensiver menschlicher Gegenwart werden kann.[413]

Beim Unterlassen künstlich lebensverlängernder Massnahmen stirbt der Mensch nicht sofort, er lebt noch einige Zeit weiter, mögen dies auch nur Minuten, Stunden oder Tage sein. Diese restliche Zeitspanne ab Behandlungsabbruch bis zum natürlichen Tod kann für den Sterbenden, seine Angehörigen und die Pflegenden noch sinnvoll sein, denn niemand kann letztlich sagen, was ein Mensch in der allerletzten Phase seines Lebens erlebt, was er empfindet, ob er allenfalls noch einen gewissen «Reifeprozess» durchmacht und sich mit dem Unausweichlichen abfindet, ob er Ängste, Gefühle der Einsamkeit, der Hoffnungslosigkeit und der Verlassenheit hat und was er vom Verhalten seiner Umgebung mitbekommt. Die Angehörigen und Pflegenden können dem Sterbenden zu einer ruhigen letzten Lebensphase verhelfen, wenn sie ihm das Gefühl der Geborgenheit vermitteln, freundlich mit ihm reden, Kontakt mit ihm aufnehmen z. B. durch Händehalten und andere Berührungen, mit kleinen Liebesbezeugungen wie Streicheln ...; sie können überhaupt alles tun, was geeignet ist, die zwischenmenschlichen Beziehungen zu intensivieren. Die Erhaltung und Nutzung der «Restzeit» am Ende des Lebens ist ein menschliches und ethisches Anliegen.

Auch aus theologischer Sicht erscheint die passive Sterbehilfe als moralisch verantwortbar. Sie wird dem christlichen Gedanken gerecht, wonach es dem Willen Gottes überlassen ist, den Zeitpunkt für den Tod des Menschen zu bestimmen: «Meine Zeit steht in deinen Händen» (Ps 31,16) und: «Er bestimmte die Zeit ihres Lebens» (Sir 17,3). Bei der aktiven Sterbehilfe wird aber der Arzt im eigentlichen Sinn zum Verursacher des Todes.[414] Entscheidendes ethisch-moralisches Unterscheidungsmerkmal für die Zuordnung zur passiven oder aktiven Sterbehilfe ist die Absicht des Arztes: Wenn der Tod (vom Patienten oder vom Arzt) gesucht, gewählt oder geplant ist und sich seine Absicht auf die Tötung richtet, liegt aktive Sterbehilfe vor.[415] Theologisch gesehen, fordert die Achtung vor der Würde des anderen Menschen das «Du wirst nicht töten» (Dekalog) auch da, wo der Patient dem Arzt freie Hand dazu gibt.[416]

c) Rechtliche Qualifikation

Während früher dem Arzt zugestanden wurde, «das Äusserste, was ihm seine Mittel erlauben zur Lebensverlängerung des Patienten beizutragen», besteht heute Einigkeit darüber, dass passive Sterbehilfe in Grenzen zulässig ist.[417]

Trifft der Patient die Entscheidung, sein Leben nicht zu verlängern, verändert dies die Garantenpflicht des Arztes von der Lebensverlängerung hin zur Sterbebegleitung, denn der Patient ist auch in der letzten Lebensphase auf den Arzt angewiesen, hat dieser doch die palliativen Massnahmen auf die Anforderungen des Patienten abzustimmen. Aufgrund der Achtung der Patientenautonomie ist in diesem Fall dem Arzt eine andere medizinische Massnahme weder rechtlich möglich noch zumutbar. Eine Strafbarkeit des Arztes wegen Tötung durch Unterlassen oder subsidiär wegen Unterlassung der Nothilfe entfällt. Eine Behandlung gegen den Willen des urteilsfähigen Patienten hingegen käme einer strafbaren Körperverletzung gleich.

III. Regelung der passiven Sterbehilfe in der Schweiz

1. Bundesrecht

Im Bereich des Gesundheitswesens besteht keine allgemeine Bundeskompetenz, da dieses im traditionellen Zuständigkeitsbereich der Kantone liegt. Die Kantone sind namentlich befugt, die Rechte und Pflichten der Patienten und der Leistungserbringer im Zusammenhang mit einer Behandlung durch öffentliches Recht zu regeln. Nach Bundesrecht bildet der Schutz der Persönlichkeit das bestimmende Element jedes Behandlungsverhältnisses. Das Behandlungsrecht wird sowohl im öffentlichen Recht des Bundes (Art. 10 BV) als auch in den privatrechtlichen Bestimmungen der Art. 27 ff. ZGB geregelt. Es umfasst neben dem Recht auf physische und psychische Integrität auch das Selbstbestimmungsrecht und damit das Recht, über Eingriffe am Körper nach freiem Willen zu entscheiden. Es ist daher bundesrechtliche Vorschrift, dass bei der Vornahme von medizinischen Behandlungsmassnahmen stets auf den Willen des Patienten abzustellen ist. Kantonale Regelungen, die z.B. das Selbstbestimmungsrecht des Patienten ausschliessen würden, wären daher nichtig. Ab 1994 (Beantwortung der Motion Victor Ruffy durch den Bundesrat) wurden verschiedene weitere parlamentarische Vorstösse zum Thema Sterbehilfe eingereicht, die ohne Wirkung blieben. Der Bund ist dann weiterhin bewusst untätig geblieben.[418]

2. Medizinisch-ethische Richtlinien der SAMW

Heute ist die passive Sterbehilfe allein durch die Medizinisch-ethischen Richtlinien und Empfehlungen der SAMW geregelt.[419] Diese bilden wichtige Leitplanken in den Entscheidungsprozessen am Lebensende, denen in den Spitälern hohe Beachtung geschenkt wird.[420]

3. Kantonale Erlasse

In der Deutschschweiz kennen die Kantone Aargau, Appenzell Ausserrhoden, Bern, Glarus, Solothurn, Zürich und neuerdings (seit 1.6.2010) Thurgau ausdrückliche Gesetzesbestimmungen zur passiven Sterbehilfe unter Einschluss der Patientenverfügung. Andere Kantone normieren das Thema auf Verordnungsstufe (Schaffhausen, Schwyz) oder verweisen auf die Medizinisch-ethischen Richtlinien der SAMW (z.B. der Kanton St.Gallen). In der Mehrheit der Kantone ist die passive Sterbehilfe nicht geregelt.[421]

IV. Die neue Bestimmung «Passive Sterbehilfe» § 33l im Gesetz über das Gesundheitswesen des Kantons Thurgau vom 5. Juni 1985

Mit Datum vom 25.1.2006 haben KR Luzi Schmid und die Autorin die Motion betreffend die Gewährleistung der Anwendung passiver Sterbehilfe und die Rechtsverbindlichkeit von Patientenverfügungen beim Grossen Rat eingereicht. Am 7.2.2007 beschloss der Grosse Rat Erheblicherklärung der Motion, und am 19.1.2009 erging die Botschaft des Regierungsrats an den Grossen Rat.

Vorbild für die gesetzgeberischen Arbeiten im Thurgau war das Patientinnen- und Patientengesetz des Kantons Zürich vom 5.4.2004. Dieses wurde vom thurgauischen Gesetzgeber (mit wenigen Änderungen in Abs. 1) übernommen: Das Wort «kurativ» in § 31 des Zürcher Gesetzes wurde in der thurgauischen Fassung von § 33l Abs. 1 weggelassen, weil eine tödlich erkrankte Person nicht mehr kurativ behandelt werden kann;[422] im Weitern wurde der Passus «ohne Patientenverfügung» um der Klarheit willen in § 33l Abs. 1 eingefügt.

In den Gesetzgebungsarbeiten wurde insbesondere darauf hingewiesen, dass die im § 331 genannten drei Voraussetzungen unbedingt und kumulativ erfüllt sein müssen, damit passive Sterbehilfe durchgeführt werden darf.

Demnach lautet § 331 Gesundheitsgesetz (in Kraft seit 1.6.2010) wie folgt:

§ 331 Verzicht auf lebensverlängernde Massnahmen
[1]Bei tödlich erkrankten, nicht urteilsfähigen Patienten ohne Patientenverfügung können die Ärzte die Behandlung einschränken oder einstellen, wenn
1. das Grundleiden mit aussichtsloser Prognose einen irreversiblen Verlauf genommen hat und
2. ein Hinausschieben des Todes für den Patienten eine nicht zumutbare Verlängerung des Leidens bedeutet und
3. der Verzicht auf eine Weiterführung der Behandlung dem mutmasslichen Willen des Patienten entspricht.
[2]Die Bezugspersonen oder die gesetzlichen Vertreter sind von den behandelnden Ärzten für ihren Entscheid mit einzubeziehen. Bei unmündigen oder entmündigten Patienten darf die Behandlung nicht gegen den Willen der gesetzlichen Vertretung eingeschränkt oder eingestellt werden.

V. Überlegungen zu einer künftigen bundesrechtlichen Regelung der passiven Sterbehilfe

1. Die Frage des Handlungsbedarfs

Es steht heute fest, dass die passive Sterbehilfe, also das «Sterbenlassen» todkranker Menschen auf ihren Wunsch hin, in der Rechtswissenschaft weitgehend unbestritten ist. Wer in urteilsfähigem und aufgeklärtem Zustand den Wunsch äussert, lebensverlängernde Massnahmen sollten nicht eingeleitet oder abgebrochen werden, hat ein Recht darauf, dass dem Folge geleistet wird.[423]

Bundesrechtliche Normen über die passiven Sterbehilfe gibt es, wie im Kapitel III ausgeführt, in unserem geltenden Recht nicht, und noch 2006 hat das EJPD in seinem Bericht 2006 erklärt, für den Bundesgesetzgeber bestehe im Sterbehilfebereich kein Handlungsbedarf.[424] Im Jahr 2009 entschied sich der Bundesrat allerdings, allein den Bereich der Suizidbeihilfe bundesrechtlich zu regeln.

In neuester Zeit haben sich nun wiederum Stimmen erhoben, die eine gesetzliche Regelung der passiven Sterbehilfe durch den Bund fordern. So Christopher Geth mit beeindruckender Begründung[425] (sinngemäss) auch die Zürcher Strafrechtsprofessorin Brigitte Tag, der sich die Frage stellt, ob die rechtlich komplizierten, in den Wirkungen bedeutsamen Rahmenbedingungen der Sterbehilfediskussion klarer gefasst werden sollten, denn «es ist den Menschen, die mit der Sterbehilfe konfrontiert werden, kaum noch zumutbar, sich auf das derzeitige rechtliche und ethische Glatteis zu begeben»[426].

Wir unterstützen die Bestrebungen zur bundesrechtlichen Regelung der passiven Sterbehilfe aus Überzeugung und begründen dies wie folgt: Sterbenlassen (passive Sterbehilfe) und Töten (aktive Sterbehilfe) können sich faktisch sehr nahekommen.[427] Das gilt im Besonderen bei der Anwendung der passiven Sterbehilfe. Diese bewegt sich unter dem heutigen Rechtszustand nicht selten in einer Grauzone, in der eine klare Grenzziehung zwischen aktiver und passiver Sterbehilfe nicht feststellbar ist. Eine deutliche Abgrenzung wäre aber wichtig, weil die passive Sterbehilfe ethisch und rechtlich erlaubt, die aktive Sterbehilfe hingegen ethisch unzulässig und rechtlich verboten ist. Die angesprochene Grauzone bringt dem behandelnden Arzt insbesondere Probleme, wenn es um den Entscheid im Hinblick auf den «technischen Behandlungsabbruch»[428] geht. Beim folgenschweren Entscheid, das Gerät abzustellen, befürchtet mancher Arzt – selbst wenn der erklärte oder mutmassliche Wille des Patienten klar erkennbar ist –, als «aktiver Faktor» tätig zu werden und die Grenze zwischen passiver und aktiver Sterbehilfe allenfalls zu überschreiten, obwohl er die aktive Sterbehilfe selbst für generell moralisch unzulässig erachtet.[429] Ein solcher Fall kann eintreten, wenn der Arzt die Beatmungsmaschine zwar nicht abstellt, die eingestellte Luftmenge aber nicht mehr den Bedürfnissen des Patienten anpasst, was bei diesem schliesslich nach einer Zeit verlängerten Leidens zum Tod führt. Auch aus Sicht der Ärzteschaft besteht also gesetzgeberischer Handlungsbedarf, um die unbedingt nötige Rechtssicherheit in einem Bereich zu gewährleisten, in dem es um Leben und Tod des Menschen geht. Die Grenzen zwischen erlaubtem und verbotenem Verhalten und Handeln sind in einem Gesetz vorzugeben, um eine eindeutige Definition der ärztlichen Berufspflichten zu ermöglichen und den verantwortlichen Arzt im Zweifelsfall vor Haftungs- und anderen Verantwortlichkeitsbegehren wirksam zu schützen.[430]

Handlungsbedarf besteht aber auch mit Blick auf den unheilbar schwerstkranken Patienten, bei dem allenfalls passive Sterbehilfe angewendet werden soll. Er befindet sich im Mittelpunkt des Geschehens rund um die Entscheidungsfindung des Arztes über einen möglichen Behandlungsabbruch, nimmt an der Entscheidungsfindung aber nicht aktiv teil. Relativ einfach mag sich der Entscheid gestalten, wenn der erklärte Patientenwille auf Behandlungsabbruch in einer bestimmten Situation unmissverständlich aus einer Patientenverfügung ersichtlich ist. Das Vorliegen einer Patientenverfügung entbindet die verantwortlichen Fachpersonen indes nicht von der Prüfung, ob diese Verfügung aufgrund der konkreten Umstände immer noch dem Willen des Sterbenden entspricht.[431] Schwieriger ist der Entscheid über einen Behandlungsabbruch dann, wenn keine Patientenverfügung vorliegt. Hierbei können Missbräuche, wie sie im Teil Patientenverfügung, Kapitel V.2.a) beschrieben sind, unter der heutigen Rechtslage nicht ausgeschlossen werden.

2. Forderungen «de lege ferenda»

Die passive Sterbehilfe wirft komplexe juristische insbesondere grundrechtsrelevante, ethische, theologische, medizinische und gesellschaftliche Fragen von höchster Brisanz auf. In einem derart sensiblen Bereich darf es im Rechtsstaat keine Rechtsunsicherheiten geben. Grauzonen, Unklarheiten, Missbrauchsgefahren und Unsicherheiten wegen des Fehlens von wichtigen Abgrenzungsregelungen gegenüber unerlaubter Sterbehilfe sind jedoch heute bei Anwendung der passiven Sterbehilfe unübersehbar vorhanden. Da das Grundrecht auf Leben den Staat verpflichtet, Vorkehren zum Schutz des Lebens aller Menschen (also auch des Todkranken) zu schaffen, hat er mit Hilfe des Gesetzgebers dafür zu sorgen, dass Gesetze geschaffen werden, die dem Schutz des Patienten dienen.

Ein notwendig zu erlassendes Bundesgesetz zur passiven Sterbehilfe muss insbesondere folgenden Anforderungen genügen:

1. Der demokratisch legitimierte Gesetzgeber hat ein formelles Gesetz zur passiven Sterbehilfe zu erlassen, das einheitliche bundesrechtliche Regelungen enthält und dem fakultativen Referendum durch das Volk unterstellt wird.

2. Die neuen Bestimmungen zur passiven Sterbehilfe sollen ins Schweizerische Strafgesetzbuch eingefügt werden.

3. Das zu erlassende Gesetz soll mittels genauer Formulierungen festhalten, unter welchen eng umschriebenen, qualifiziert gerechtfertigten Voraussetzungen im konkreten Fall auf lebenserhaltende Massnahmen verzichtet werden darf.

4. Das neue Gesetz muss die schwierige Abgrenzung zwischen aktiver und passiver Sterbehilfe insbesondere im Hinblick auf den «technischen Behandlungsabbruch» klar und eindeutig regeln.

§ 31 des Zürcher Patientinnen- und Patientengesetzes und § 331 des Gesundheitsgesetzes des Kantons Thurgau haben mittels der präzis formulierten Voraussetzungen, die kumulativ erfüllt sein müssen, damit passive Sterbehilfe angewendet werden darf, auch klare Trennungslinien zwischen passiver und aktiver Sterbehilfe gezogen. Die beiden kantonalen Gesetze haben deshalb Vorbildcharakter für das zu erlassende Gesetz über passive Sterbehilfe auf Bundesebene.

Ein Bundesgesetz zur Anwendung der passiven Sterbehilfe wäre auch ein Tatbeweis dafür, dass es der Bundesstaat Schweiz ernst meint mit der Aussage in der Präambel zur Bundesverfassung, dass sich «die Stärke des Volkes misst am Wohl der Schwachen».

Literaturverzeichnis

ABRAHAMIAN HEIDEMARIE/BRUNS VALENTINA/GRÜNSTÄUDL VERENA, *Den letzten Weg gemeinsam gehen.* Hospize und Sterbebegleitung Wien 2007.

AEMISSEGGER URS, *Patientenverfügungen in der hausärztlichen Praxis.* Sichtweisen und Einsichten eines medizinisch tätigen Menschen, in: palliative-ch (02/2009) 17–18.

ALBRECHT ELISABETH, Anhang: *Schmerzkontrolle und Pflege in einem Hospiz,* in: STODDARD SANDOL, *Die Hospiz-Bewegung.* Ein anderer Umgang mit Sterbenden, Freiburg i. Br. 1987, 162–173 (englischsprachige Erstauflage: London 1979).

ALBRECHT-BALIĆ KATHARINA, *Das Patientenverfügungsgesetz 2006 und seine geschichtliche Entwicklung.* Diss. iur. Universität Wien 2008.

ARBEITSGRUPPE «STERBEHILFE», *Bericht an das Eidgenössische Justiz- und Polizeidepartement,* März 1999.

ARNOLD NORBERT, *Hospizdienste – Sterbebegleitung als Lebenshilfe,* in: BECKMANN RAINER/LÖHR MECHTHILD/SCHÄTZLE JULIA (Hg.), *Sterben in Würde.* Beiträge zur Debatte über Sterbehilfe Krefeld 2004, 29–42.

ARTER OLIVER, *Vorsorgeauftrag und Patientenverfügung.* Das neue Erwachsenenschutzrecht als erweitertes Tätigkeitsfeld für Berater und Treuhänder, in: Der Schweizer Treuhänder Ausgabe 9 (2007) 657–661.

AUGUSTYN BEATE/KERN MARTINA, *Pflegerische Massnahmen in der Symptombehandlung,* in: AULBERT EBERHARD/NAUCK FRIEDEMANN/RADBRUCH LUKAS (Hg.), *Lehrbuch der Palliativmedizin,* Stuttgart 2008, 972–982.

BACHMANN INGEBORG, *Ich weiss keine bessere Welt.* Unveröffentlichte Gedichte. Hg.: Moser Isolde/Bachmann Heinz/Moser Christian, München 2000.

BACON FRANCIS, *Über die Würde und den Fortgang der Wissenschafften.* Verdeutscht und mit einem Leben des Verfassers und einigen historischen Anmerkungen von Johann Hermann Pfingsten (Hg.), Pest 1783.

BACON FRANCIS, *De Dignitate et Augmentis Scientiarum.* Tomus I. Würzburg 1779.

BARTH KARL, *Die kirchliche Dogmatik.* Dritter Band: Die Lehre von der Schöpfung. Vierter Teil. Zollikon-Zürich 1951.

BAUMGARTNER HOLGER, *Gedanken zur Entwicklung der Hospiz- und Palliativmedizin – Rückblick und Ausblick,* in: ÖSTERREICHISCHE KREBSHILFE – KREBSGESELLSCHAFT TIROL (Hg.), *Abschied in Würde.* Gedanken zur Palliativmedizin in Tirol, Innsbruck 2004, 9–15.

BAVASTRO PAOLO, Vorwort, in: BAVASTRO PAOLO (Hg.), *Autonomie und Individualität.* Gefahren und Hintergründe der Patientenverfügung, Stuttgart 2003, 7–14.

BEAUVERD MICHEL, *Palliative Sedation – Auf dem Weg zu einer standardisierten klinischen Patientenüberwachung* (Zusammenfassung), in: palliative-ch (01/2008) 20–21.

BENZENHÖFER UDO, *Der gute Tod?* Geschichte der Euthanasie und Sterbehilfe, München [1]1999, Göttingen [2]2009.

BENZENHÖFER UDO/HACK-MOLITOR GISELA, *Die Rolle von Louis Kutner bei der Entwicklung der Patientenverfügung,* in: Hessisches Ärzteblatt 70 (2009) 441–413.

Literaturverzeichnis

BERNDT FR. AUG. G., *Die allgemeinen Grundsätze für die Methodik der ärztlichen Kunstausübung*, Berlin 1827.

BIGORIO 2005, *Empfehlungen «Palliative Sedation»*. Konsens einer Expertengruppe von palliative ch, der Schweizerischen Gesellschaft für Palliative Medizin, Pflege und Begleitung zur best practice für Palliative Care in der Schweiz. Ein Projekt im Rahmen der Qualitätsförderung von Palliative Care in der Schweiz, in: palliative-ch (01/2008), Beilage zu S. 30.

BOCKENHEIMER-LUCIUS GISELA, *Die Patientenverfügung – Wann ist sie verbindlich?* Anmerkungen zur Neuregelung des Betreuungsrechts, in: Hessisches Ärzteblatt 66 (2005) 169–172.

BÖHR CHRISTOPH, *Menschenwürde und Sterbehilfe*, in: BECKMANN RAINER/LÖHR MECHTHILD/SCHÄTZLE JULIA (Hg.), *Sterben in Würde*. Beiträge zur Debatte über Sterbehilfe, Krefeld 2004, 21–28.

BOSSHARD GEORG/FISCHER SUSANNE/FAISST KARIN, *Behandlungsabbruch und Behandlungsverzicht in sechs europäischen Ländern*: Resultate der EURELD/MELS-Studie, in: PrimaryCare 5 (2005) Nr. 39, 799–803.

BOSSHARD GEORG/MATERSTVEDT LARS JOHAN, *Terminale Sedierung*: klinisch-ethische und philosophische Aspekte, in: palliative-ch (03/2009) 31–33.

Boston Medical and Surgical Journal. Vol. CX., No. 1. January 3, 1884, 19–20.

Botschaft des Regierungsrats des Kantons Thurgau an den Grossen Rat zur Änderung des Gesetzes über das Gesundheitswesen (Gesundheitsgesetz) vom 5. Juni 1985, 19. Januar 2009.

Botschaft zur Änderung des Schweizerischen Zivilgesetzbuches (Erwachsenenschutz, Personenrecht und Kindesrecht) vom 28. Juni 2006.

BROECKAERT BERT/GAMONDI CLAUDIA/MARINI CRISTINA, *Palliative Sedation*. Der Weg zu den ethischen Fundamenten führt über die Semantik (Zusammenfassung), in: palliative-ch (01/2008) 6.

BRUCH RICHARD, *Person und Menschenwürde*. Ethik im lehrgeschichtlichen Rückblick, Münster 1998.

BÜCHE DANIEL, *Schmerz – was ist das eigentlich?*, in: GUNTERN-TROXLER CLAIRE, *Trotz dem Schmerz*. Ein Handbuch für Menschen mit langdauernden Schmerzen. Hg.: Palliativzentrum Kantonsspital St. Gallen, St. Gallen 2010, 98–102.

BUNDESAMT FÜR GESUNDHEIT/SCHWEIZERISCHE KONFERENZ DER KANTONALEN GESUNDHEITSDIREKTORINNEN UND -DIREKTOREN (Hg.), *Nationale Strategie Palliative Care 2010–2012*. Kurzversion, Bern, Februar 2010, 1–12.

BUNDESAMT FÜR GESUNDHEIT/SCHWEIZERISCHE KONFERENZ DER KANTONALEN GESUNDHEITSDIREKTORINNEN UND -DIREKTOREN (Hg.), *Nationale Strategie Palliative Care 2010–2012*. Zusammenfassung, Bern 23.10.2009, 1–3.

BUNDESAMTS FÜR JUSTIZ, Unveröffentlichtes Gutachten vom 3. März 1998 zuhanden der Arbeitsgruppe «Sterbehilfe»: *Directives de l'Académie suisse des sciences médicales en matières d'euthanasie*: Nature jurique; admissibilité d'une reconnaissance par le droit fédéral.

BUNDESÄRZTEKAMMER, *Grundsätze zur ärztlichen Sterbebegleitung*, in: Deutsches Ärzteblatt 95 (1998) B-1852 f..

BUNDESÄRZTEKAMMER, *Richtlinien für die ärztliche Sterbebegleitung*, in: Deutsches Ärzteblatt 90 (1993) B-1791 f..

BUNDESMINISTERIUM DER JUSTIZ (Hg.), *Patientenverfügung*. Leiden–Krankheit–Sterben. Wie bestimme ich, was medizinisch unternommen werden soll, wenn ich entscheidungsunfähig bin?, Berlin 2010.

BURKART MONIKA, *Das Recht, in Würde zu sterben – Ein Menschenrecht*. Eine verfassungsrechtliche Studie zur Frage der menschenwürdigen Grenze zwischen Leben und Tod, Zürich 1983.

CALLAHAN DANIEL, *When Self-Determination Runs Amok*, in: Hastings Centre Report 22 (1992/2) 52–55.

CHOCHINOV HARVEY MAX/HACK THOMAS/HASSARD THOMAS/KRISTJANSON LINDA J./ MCCLEMENT SUSAN/HARLOS MIKE, *Dignity in the terminally ill*: a cross-sectional, cohort study, in: The Lancet 360 (2002) December 21/28, 2026–2030.

CLEMENS KATRI ELINA/OSTGATHE CHRISTOPH/KLASCHIK EBERHARD, *Palliativmedizin und Interdisziplinarität*. Auftrag und Wirklichkeit. in: Der Klinikarzt 34 (2005) (1/02) 11–14.

DÄUBLER-GMELIN HERTA, *Kann das Recht Autonomie und Selbstbestimmung regeln?*, in: BAVASTRO PAOLO (Hg.), *Autonomie und Individualität*. Gefahren und Hintergründe der Patientenverfügung, Stuttgart 2003, 159–180.

DETTWILER MONIKA, *Patientenverfügung: Mit dem Ankreuzen ist es nicht getan*, in: Reformiert GL. Kirchenbote der Evangelisch-Reformierten Landeskirche des Kantons Glarus Nr. 3, März 2010.

DEUTSCHER JURISTENTAG, *Recht auf den eigenen Tod?* Strafrecht im Spannungsverhältnis zwischen Lebensverlängerungspflicht und Selbstbestimmung. Sitzungsbericht M zum 56. Deutschen Juristentag Berlin 1986, München 1986.

DÖRNER KLAUS, *Hält der BGH die «Freigabe der Vernichtung lebensunwerten Lebens» wieder für diskutabel?* Überlegungen zum Urteil des BGH vom 13.9. 1994 (BGHSt 40, 257=NJW 1995, 204), in: Zeitschrift für Rechtspolitik mit ZRP-Gesetzgebungs-Report 29 (1996) 93–96.

EIBACH ULRICH, *Vorbereitung auf das Sterben unter theologisch-ethischen und seelsorgerlichen Gesichtspunkten*, in: FALCK INGEBORG (Hg.), *Sterbebegleitung älterer Menschen – Ergebnisse einer Arbeitstagung der Deutschen Gesellschaft für Gerontologie im November 1979 in Berlin*, Berlin 1980, 20–42.

EIBACH ULRICH, Sterbehilfe – *Tötung aus Mitleid?* Euthanasie und «lebensunwertes» Leben, Wuppertal 1998.

EIDENSCHINK MARTINA, *Die Patientenverfügung in der öffentlichen Debatte*. Die Akzente der neuen Diskussion in Deutschland, ausgehend von dem Fall Theresa Schiavo, Berlin 2009.

EISENBART BETTINA, *Patienten-Testament und Stellvertretung in Gesundheitsangelegenheiten*. Alternativen zur Verwirklichung der Selbstbestimmung im Vorfeld des Todes, Baden-Baden ²2000.

EJPD (Hg.), *Bericht «Sterbehilfe und Palliativmedizin – Handlungsbedarf für den Bund?»*, Vorentwurf vom 31. Januar 2006.

ENGEL JUDITH/HOFFMANN SVEN OLAF, *Transkulturelle Aspekte des Schmerzerlebens*, in: TIBER EGLE ULRICH/HOFFMANN SVEN OLAF/LEHMANN KLAUS A./NIX WILFRED A. (Hg.), *Handbuch Chronischer Schmerz*. Grundlagen, Pathogenese, Klinik und Therapie aus bio-psycho-sozialer Sicht, Stuttgart 2003, 17–25.

EUROPARAT SEV Nr. 164 *Übereinkommen zum Schutz der Menschenrechte und der Menschenwürde im Hinblick auf die Anwendung von Biologie und Medizin*: Übereinkommen über Menschenrechte und Biomedizin vom 4.4.1997.

EVANGELISCH-REFORMIERTE LANDESKIRCHE DES KANTONS ZÜRICH, *Antrag und Bericht des Kirchenrates an die Kirchensynode betreffend Überlegungen zur Sterbehilfe aus evangelischer Sicht*, Zürich 9.2.2000.

EZEKIEL EMANUEL J., *The History of Euthanasia Debates in the United States and Britain*, in: Annals of Internal Medicine 121 (1994) 793–802.

FERNANDO CARLEN, *Patientenverfügungen im pflegerischen Alltag*. Projektskizze für die Implementierung von Patientenverfügungen im Oberwallis. Masterarbeit Institut Universitaire Kurt Bösch (IUKB) Sion/Schweiz, Naters 2007.

FINZEN ASMUS, *Das Sterben der anderen*. Sterbehilfe in der Diskussion, Bonn 2009.

FUCHS THOMAS/LAUTER HANS, *Dürfen Ärzte töten?*, in: Suizidprophylaxe 3, 1997, 104–108.

FYE W. BRUCE, *Active Euthanasia*. An Historical Survey of its Conceptual Origins and Introduction into Medical Thought, in: Bulletin of the History of Medicine 52 (1978) 492–502.

GANNER MICHAEL, *Selbstbestimmung im Alter*. Privatautonomie für alte und pflegebedürftige Menschen in Österreich und Deutschland, Wien/New York 2005.

GEISELMANN BERNHARD/NEUMANN EVA-MARIA, *Spezielle Probleme in der gerontopsychiatrischen Behandlung und Pflege Demenzkranker*, in: AULBERT EBERHARD/NAUCK FRIEDEMANN/RADBRUCH LUKAS (Hg.), *Lehrbuch der Palliativmedizin*, Stuttgart 2008, 856–872.

Gemeinsames Hirtenschreiben der Bischöfe von Freiburg, Strasbourg und Basel «Die Herausforderung des Sterbens annehmen», Juni 2006.

GESANG BERNWARD, *Aktive und passive Sterbehilfe – Zur Rehabilitation einer stark kritisierten deskriptiven Unterscheidung*, in: Ethik in der Medizin 13 (2001) 161–175.

GETH CHRISTOPHER, *Passive Sterbehilfe*, Basel 2010.

GIGER HANS, *Reflexionen über Tod und Recht*. Sterbehilfe im Fokus von Wissenschaft und Praxis, Zürich 2000.

GLAUS AGNES, *Müdigkeit oder Fatigue – Eine Herausforderung in der Palliativarbeit*, in: HEIMERL KATHARINA/HELLER ANDREAS/HUSEBØ STEIN/METZ CHRISTIAN (Hg.), *Balsam für Leib und Seele*. Pflegen in Hospiz- und Palliativer Betreuung, Freiburg i. Br. 2002, 60–72.

GOLSER CHRISTIAN, *Patientenverfügungen*. Fachbereichsarbeit zur Erlangung des Diploms für den gehobenen Dienst der Gesundheits- und Krankenpflege an der Schule für Gesundheits- und Krankenpflege des Bfi und Diakonissen-Krankenhauses Salzburg gemeinsam mit der Schule für Gesundheits- und Krankenpflege des A. ö. Krankenhauses Hallein, Hallwang 2006.

GRAEFF ALEXANDER DE/DEAN MERVYN, *Palliative Sedation Therapy in the Last Weeks of Life*. A Literature Review and Recommendations for Standards, in: Journal of Palliative Medicine 10 (2007), Nr. 1, 67–85.

GRAF GUDRUN, *Dyspnoe*, in: KNIPPING CORNELIA (Hg.), *Lehrbuch Palliative Care*, Bern 2006, 324–330.

GRIMM CARLO/HILLEBRAND INGO, *Sterbehilfe*. Ethik in den Biowissenschaften – Sachstandsberichte des DRZE, Freiburg i. Br./München 2009.

GROM BERNHARD, *Spiritualität – die Karriere eines Begriffs*. Eine religionspsychologische Perspektive, in: FRICK ECKHARD/ROSER TRAUGOTT (Hg.), *Spiritualität und Medizin*. Gemeinsame Sorge für den kranken Menschen, Stuttgart 2009, 12–17.

GRÖSCHNER ROLF, *Menschenwürde und Sepulkralkultur in der grundgesetzlichen Ordnung*. Die kulturstaatlichen Grenzen der Privatisierung im Bestattungsrecht, Stuttgart/München/Hannover/Berlin/Weimar/Dresden/ Boorberg 1995.

GUNZINGER PIERRE-ANDRÉ, *Sterbehilfe und Strafgesetz*, Diss. iur., Zürich 1978.

GUTHEIL WERNER/ROTH HEINRICH M., *Die christliche Patientenverfügung*. Der Ratgeber zur Vorsorge, Leipzig o. J. (nachgewiesen für 2010).

HACKMANN MATHILDE, *Die Hospizidee – Erfahrungen mit der Sterbebegleitung in England*, in: HIEMENZ THOMAS/KOTTNIK ROSWITHA (Hg.), *Chancen und Grenzen der Hospizbewegung*. Dokumentation zum 2. Ökumenischen Hospizkongress «Sich einlassen und loslassen». Würzburg 22.–24. Oktober 1999, Freiburg i. Br. 2000, 47–55.

HAEMMERLI URS PETER, *Medizin und Menschenrecht*, in: Tages-Anzeiger Magazin Nr. 16 vom 23. April 1977.

HAEMMERLI URS PETER, *Das Problem der Euthanasie*. Versuch einer Begriffsbestimmung aus der Sicht des Arztes, in: HOLZHEY HELMUT/ZIMMERLI WALTER CH. (Hg.), *Euthanasie*. Zur Frage von Leben und Sterbenlassen, Basel 1976, 49–68.

HAGEN THOMAS/FRICK ECKHARD, *Rituale, Zeichen und Symbole*, in: FRICK ECKHARD/ROSER TRAUGOTT (Hg.), *Spiritualität und Medizin*. Gemeinsame Sorge für den kranken Menschen, Stuttgart 2009, 265–271.

HANGARTNER YVO, *Schwangerschaftsabbruch und Sterbehilfe*. Eine grundrechtliche Standortbestimmung, Zürich 2000.

HARRINGER WILFRIED/HOBY GOTTFRIED, *Patientenverfügung in der hausärztlichen Praxis*. Die «PAVE»-Praxisstudie, in: PrimaryCare 9 (2009) Nr. 3, 56–58.

HAUSS FRIEDRICH, *Biblische Begriffe und Gestalten*. Stichwort- und Personenkonkordanz zur Bibel, Stuttgart 1992.

HEINE GÜNTER, *Schweiz*, in: ESER ALBIN/KOCH HANS-GEORG (Hg.), *Materialien zur Sterbehilfe*. Eine internationale Dokumentation, Freiburg i. Br. 1991, 591–649.

HELLER ANDREAS, *Die Einmaligkeit von Menschen verstehen und bis zuletzt bedienen*. Palliative Versorgung und ihre Prinzipien, in: HELLER ANDREAS/HEIMERL KATHARINA/HUSEBØ STEIN (Hg.), *Wenn nichts mehr zu machen ist, ist noch viel zu tun*. Wie alte Menschen würdig sterben können, Wien/Bergen 2000, 9–24.

HELLER ANDREAS/KNIPPING CORNELIA, *Palliative Care – Haltungen und Orientierungen*, in: KNIPPING CORNELIA (Hg.), *Lehrbuch Palliative Care*, Bern 2006, 39–47.

HELLER ANDREAS/PLESCHBERGER SABINE, *Zur Geschichte der Hospizbewegung*, in: BERNATZCKY GÜNTHER/SITTL REINHARD/LIKAR RUDOLF (Hg.), *Schmerzbehandlung in der Palliativmedizin*, Wien/New York 2006, 10–15.

HELLER BIRGIT, *Das Leben ist wertvoll – das Leben ist relativ*. Euthanasie und Weltreligionen, in: HEIMERL KATHARINA/HELLER ANDREAS/HUSEBØ STEIN/KOJER MARINA/METZ CHRISTIAN (Hg.), *Aller Einkehr ist der Tod*. Interreligiöse Zugänge zu Sterben, Tod und Trauer, Freiburg i. Br. 2003, 170–205.

HERDEGEN MATTHIAS, *Die Garantie der Menschenwürde in der Wertordnung des Grundgesetzes Art. 1 Abs. 1*, in: MAUNZ THEODOR/DÜRIG GÜNTER u. a. (Hg.), *Grundgesetz Kommentar*. Band I., München 2009 (Loseblattsammlung Lfg. 55, Mai 2009, 1–32).

HILGENDORF ERIC, *15 Thesen zu Sterbehilfe und assistiertem Suizid*, in: THIELE FELIX (Hg.), *Aktive und passive Sterbehilfe*. Medizinische, rechtswissenschaftliche und philosophische Aspekte. München 2010, 135–156.

HILPERT KONRAD, *Der Begriff Spiritualität*. Eine theologische Perspektive, in: FRICK ECKHARD/ROSER TRAUGOTT (Hg.), *Spiritualität und Medizin*. Gemeinsame Sorge für den kranken Menschen, Stuttgart 2009, 18–25.

HÖFFE OTFRIED, *Medizin ohne Ethik?*, Frankfurt a. M. 2002.

HOFFMANN CHRISTOPH, *Der Inhalt des Begriffes «Euthanasie» im 19. Jahrhundert und seine Wandlung in der Zeit bis 1920*, Diss. med., Humboldt-Universität Berlin 1969.

HUSEBØ STEIN/KLASCHIK EBERHARD, *Palliativmedizin*. Praktische Einführung in Schmerztherapie, Symptomkontrolle, Ethik und Kommunikation, Berlin/Heidelberg 1998.

INTORP HANS W., *Die Entwicklung der Euthanasie und ihre medizinische Problematik*, in: BECKMANN RAINER/LÖHR MECHTHILD/SCHÄTZLE JULIA (Hg.), *Sterben in Würde*. Beiträge zur Debatte über Sterbehilfe, Krefeld 2004, 55–72.

JUCHLI LILIANE, *Pflege*. Praxis und Theorie der Gesundheits- und Krankenpflege, Stuttgart/New York 1994.

JÜNGEL EBERHARD, *Meine Zeit steht in Deinen Händen (Psalm 31, 16)*. Zur Würde des befristeten Menschenlebens, Heidelberg 1997.

KÄPPELI SILVIA, *Bedeutung der Pflegediagnostik in der Palliative Care*, in: KNIPPING CORNELIA (Hg.), *Lehrbuch Palliative Care*, Bern 2006, 117–122.

KANT IMMANUEL, *Grundlegung zur Metaphysik der Sitten*. Philosophische Bibliothek. Band 41. Karl Vorländer (Hg.), Hamburg 1965.

KANT IMMANUEL, *Kritik der reinen Vernunft*, ([1]1781) Prolegomena. Grundlegung zur Metaphysik der Sitten. Metaphysische Anfangsgründe der Naturwissenschaften (Kants Werke. Akademie-Textausgabe Bd. IV), Berlin 1968.

KANT IMMANUEL, *Die Religion innerhalb der Grenzen der blossen Vernunft*. Die Metaphysik der Sitten (Kants Werke. Akademie-Textausgabe Bd. VI), Berlin 1968.

KAUTZKY RUDOLF, *Die Freiheit des Sterbenden und die Pflicht des Arztes*, in: EID VOLKER (Hg.), *Euthanasie oder soll man auf Verlangen töten?*, Mainz 1975, 285–290.

KERN MARTINA, *Patientenzentrierte Pflege und Aufgaben in Schmerztherapie und Symptombehandlung*, in: AULBERT EBERHARD/NAUCK FRIEDEMANN/RADBRUCH LUKAS (Hg.), *Lehrbuch der Palliativmedizin*, Stuttgart 2008, 961–971.

KIESER DIETRICH GEORG, *System der Medicin zum Gebrauche bei akademischen Vorlesungen und für practische Aerzte*. Zweiter Band. Allgemeine Pathologie und Therapie, Halle 1819.

KIRCHENAMT DER EVANGELISCHEN KIRCHE IN DEUTSCHLAND/SEKRETARIAT DER DEUTSCHEN BISCHOFSKONFERENZ (Hg.), *Sterbebegleitung statt aktiver Sterbehilfe*. Eine Textsammlung kirchlicher Erklärungen mit einer Einführung des Vorsitzenden der Deutschen Bischofskonferenz und des Vorsitzenden des Rates der Evangelischen Kirche in Deutschland, Bonn 2003, 5–40.

KLASCHIK EBERHARD/NAUCK FRIEDEMANN/RADBRUCH LUKAS/SABATOWSKI RAINER, *Palliativmedizin – Definitionen und Grundzüge*, in: Internist 41 (2000) 606–611.

KLASCHIK EBERHARD/SANDGATHE-HUSEBØ BETTINA, *Das Leben des Sterbenden – Palliativmedizin*, in: ILLHARDT FRANZ JOSEF/HEISS HERMANN WOLFGANG/DORNBERG MARTIN (Hg.), *Sterbehilfe – Handeln oder Unterlassen?* Stuttgart/New York 1998, 105–111.

KLIE THOMAS/STUDENT JOHANN-CHRISTOPH, *Sterben in Würde.* Auswege aus dem Dilemma Sterbehilfe, Freiburg i. Br. 2007.

KLOHSS KARL LUDWIG, *Die Euthanasie oder die Kunst den Tod zu erleichtern*, Berlin 1835.

KNIPPING CORNELIA, *Einführung in das Lehrbuch*, in: KNIPPING CORNELIA (Hg.), *Lehrbuch Palliative Care*, Bern 2006, 15–22.

KNIPPING CORNELIA, *Das Phänomen Schmerz in der Palliative Care*, in: METZ CHRISTIAN/WILD MONIKA/HELLER ANDREAS (Hg.), *Balsam für Leib und Seele.* Pflegen in Hospiz- und Palliativer Betreuung, Freiburg i. Br. 2002, 73–93.

KNIPPING CORNELIA, *Reflexionen zum Schmerzassessment in der Pflege*, in: KNIPPING CORNELIA (Hg.), *Lehrbuch Palliative Care*, Bern 2006, 167–186.

KÖRTNER ULRICH H. J., *Für einen mehrdimensionalen Spiritualitätsbegriff: Eine interdisziplinäre Perspektive*, in: FRICK ECKHARD/ROSER TRAUGOTT (Hg.), *Spiritualität und Medizin.* Gemeinsame Sorge für den kranken Menschen, Stuttgart 2009, 26–34.

KRUSE ANDREAS, *Das letzte Lebensjahr.* Zur körperlichen, psychischen und sozialen Situation des alten Menschen am Ende seines Lebens, Stuttgart 2007.

KUNZ ROLAND, *Schmerztherapie in der Geriatrie*, in: KNIPPING CORNELIA (Hg.), *Lehrbuch Palliative Care*, Bern 2006, 226–233.

KUNZ ROLAND, *Vernetzte palliative Versorgung.* Anhang, Folien, o. J. 1–7.

KUNZ ROLAND, *Wenn man nichts mehr machen kann, ist noch alles zu tun …* Möglichkeiten der Schmerzlinderung und Schmerzbehandlung. in: METTNER MATTHIAS (Hg.), *Wie menschenwürdig sterben?* Zur Debatte um die Sterbehilfe und zur Praxis der Sterbebegleitung, Zürich 2000, 167–176.

LACK PETER, *Die Bedeutung der Werteanamnese als Grundlage für Patientenverfügungen*, in: KNIPPING CORNELIA (Hg.), *Lehrbuch Palliative Care*, Bern 2006, 588–596.

LACK PETER, *Die individuell im Beratungsgespräch erstellte Patientenverfügung als Klärungs-, Selbstbestimmungs- und Kommunikationsinstrument*, in: Schweizerische Ärztezeitung 86 (2005) 689–694.

LACK PETER, *Verschiedene Formen der Patientenverfügung und ihre Eignung für bestimmte Personengruppen*, in: Bull. Soc. Sci. Méd. 3 (2008) 415–427.

LACK PETER, *Wie können Patientenverfügungen der Entscheidungsfindung dienen?*, in: palliative-ch (02/2009) 4–7.

LENZ, SIEGFRIED, *Über den Schmerz.* Essays; Hamburg 1998.

LUTTEROTTI MARKUS VON, *Sterbehilfe.* Gebot der Menschlichkeit? Düsseldorf 2002.

MARX K. F. H., *Ueber Euthanasie*, in: HECKER J. F. C. (Hg.), *Litterarische Analen der gesamten Heilkunde.* Bd. 7, Berlin 1827, 129–151.

MASTRONARDI PHILIPPE, *Menschenwürde*, in: EHRENZELLER BERNHARD/SCHWEIZER RAINER J./MASTRONARDI PHILIPPE/VALLENDER KLAUS A. (Hg.), *Die schweizerische Bundesverfassung*. Kommentar, Zürich 2008, 164–178.

MAYER INGRID, *Euthanasie in der medizinischen Diskussion und Schönen Literatur um 1900*. Diss. med., Heidelberg 1982.

McCAFFERY MARGO/BEEBE ALEXANDRA/LATHAM JANE, *Schmerz*. Ein Handbuch für die Pflegepraxis, Hg.: Jürgen Osterbrink, Berlin/Wiesbaden 1997.

THE MEDICAL AND SURGICAL REPORTER, A weekly Journal XXIX (1873) August 16, 122–123.

THE MEDICAL AND SURGICAL REPORTER, A weekly Journal XLI (1879) July–December, 479–481.

Medizinisch-ethische Grundsätze der SAMW «Recht der Patientinnen und Patienten auf Selbstbestimmung» vom 24. November 2005.

Medizinisch-ethische Richtlinien der SAMW «Betreuung von Patientinnen und Patienten am Lebensende» vom 25. November 2004.

Medizinisch-ethische Richtlinien und Empfehlungen der SAMW «Behandlung und Betreuung von älteren, pflegebedürftigen Menschen» vom 18. Mai 2004.

Medizinisch-ethische Richtlinien der SAMW für die ärztliche Betreuung sterbender und zerebral schwerst geschädigter Patienten vom 24. Februar 1995.

Medizinisch-ethische Richtlinien und Empfehlungen des SAMW «Palliative Care» vom 23. Mai 2006.

Medizinisch-ethische Richtlinien und Empfehlungen der SAMW «Patientenverfügungen» vom 19. Mai 2009.

METTNER MATTHIAS, *Mitten im Leben*. Zur Spiritualität und Sinnfindung in der Pflege und Betreuung kranker, sterbender Menschen, in: DERS. (Hg.), *Wie menschenwürdig sterben?* Zur Debatte um die Sterbehilfe und zur Praxis der Sterbebegleitung, Zürich 2000, 177–218.

MOOR PAUL, *Die Freiheit zum Tode*. Ein Plädoyer für das Recht auf menschenwürdiges Sterben. Euthanasie und Ethik, Reinbek b. Hamburg 1973.

Motionsbeantwortung des Regierungsrats des Kantons Thurgau an den Grossen Rat betr. die Gewährleistung der Anwendung passiver Sterbehilfe und der Rechtsverbindlichkeit von Patientenverfügungen vom 5.12.2006 (04/MO 19/201).

MÜLLER-BUSCH H. CHRISTOF/AULBERT EBERHARD, Ethische Probleme in der Lebensendphase, in: AULBERT EBERHARD/NAUCK FRIEDEMANN/RADBRUCH LUKAS (Hg.), *Lehrbuch der Palliativmedizin*, Stuttgart 2008, 46–63.

MÜLLER-BUSCH H. CHRISTOF, *Sterbende sedieren?*, in: Z Palliativmedizin 5 (2004) 107–112.

MÜLLER-MUNDT GABRIELE, *Chronischer Schmerz*. Herausforderungen für die Versorgungsgestaltung und Patientenedukation, Bern 2005.

MÜLLER-MUNDT GABRIELE/SCHAEFFER DORIS, *Symptommanagement und Pflege am Beispiel chronischer Schmerzzustände*, in: PLESCHBERGER SABINE/HEIMERL KATHARINA/WILD MONIKA (Hg.), *Palliativpflege*. Grundlagen für Praxis und Unterricht, Wien 2002, 219–235.

MÜLLER GERHARD LUDWIG, *Theologie der Personwürde des Menschen*, in: Zeitschrift für medizinische Ethik 48 (2002) 259–270.

MÜLLER JÖRG PAUL, *Grundrechte in der Schweiz*. Im Rahmen der Bundesverfassung von 1999, der UNO-Pakte und der EMRK, Bern 1999.

MÜLLER MONIKA/KERN MARTINA, *Teamarbeit in der Palliativmedizin*, in: AULBERT EBERHARD/NAUCK FRIEDEMANN/RADBRUCH LUKAS (Hg.), *Lehrbuch der Palliativmedizin*, Stuttgart 2008, 81–93.

NAUCK FRIEDEMANN/RADBRUCH LUKAS, *Systematische medikamentöse Schmerztherapie*, in: AULBERT EBERHARD/NAUCK FRIEDEMANN/RADBRUCH LUKAS (Hg.), *Lehrbuch der Palliativmedizin*, Stuttgart 2008, 176–209.

NAUCK FRIEDEMANN/JASPERS BIRGIT/ZERNIKOW BORIS, *Therapie chronischer Schmerzen bei Erwachsenen und Kindern*, in: KNIPPING CORNELIA (Hg.), *Lehrbuch Palliative Care*, Bern 2006, 198–225.

NEWMAN FRANCIS W., *To the editor of the «Spectator»*, in: The Spectator. A Weekly Review of Politics, Literature, Theology and Art. Vol. 46. John Campbell (Hg.), No. 2330. London, 22.2.1873 (Brief von Francis William Newman an «The Spectator» vom Februar 1873 freundlicherweise von I. van der Sluis, Amsterdam, in Kopie der Autorin und dem Autor zur Verfügung gestellt).

NULAND SHERWIN B., *Wie wir sterben*. Ein Ende in Würde?, München 2007.

OBERMÜLLER KLARA, *Weder Tag noch Stunde*. Nachdenken über Sterben und Tod, Frauenfeld/Stuttgart/Wien 2007.

PASCAL BLAISE, *Pensées*. Léon Brunschvicg (Hg.), Paris 1925.

PASCAL BLAISE, *Pensées*. Über die Religion und über einige andere Gegenstände. Werke I. Ewald Wasmuth (Hg.), Heidelberg 1978.

PETERMANN FRANK TH., *Terminologische Einführung*. Klärung der sprachlichen Differenzierungen, in: UNIVERSITÄT ST. GALLEN (Hg.), *Sterbehilfe – Grundsätzliche und praktische Fragen* (Tagungsdokumentation vom 13. Oktober 2005 Kongresshaus Zürich), 2006, 1–18.

PLESCHBERGER SABINE, *Die historische Entwicklung von Hospizarbeit und Palliative Care*, in: KNIPPING CORNELIA (Hg.), *Lehrbuch Palliative Care*, Bern 2006, 24–29.

PLESCHBERGER SABINE, *Konzeptionelle Grundlagen und internationale Entwicklung – Palliative Care unter besonderer Berücksichtigung der Pflege*, in: HEIMERL KATHARINA/HELLER ANDREAS/HUSEBØ STEIN/METZ CHRISTIAN (Hg.), *Balsam für Leib und Seele*. Pflegen in Hospiz- und Palliativer Betreuung, Freiburg i. Br. 2002, 14–35.

PORCHET-MUNRO SUSAN/STOLBA VERENA/WALDMANN EVA, *Den letzten Mantel mache ich selbst*. Über Möglichkeiten und Grenzen von Palliative Care, Basel 2006.

POTTHOFF THOMAS, *Euthanasie in der Antike*. Diss. med., Münster 1982.

PROBST CHARLES, *Hilfe für Sterbende und Schwerkranke: Euthanasie?* Wege und Irrwege, in: Medizin und Ideologie. Informationsblatt der Europäischen Ärzteaktion 20 (2/1998) 5–12.

RADBRUCH LUKAS/NAUCK FRIEDEMANN, *Terminale Sedierung*, in: AULBERT EBERHARD/NAUCK FRIEDEMANN/RADBRUCH LUKAS (Hg.), *Lehrbuch der Palliativmedizin*, Stuttgart 2008, 1029–1036.

REHBERG JÖRG/SCHMID NIKLAUS, *Strafrecht III:* Delikte gegen den Einzelnen. Zürcher Grundrisse des Strafrechts, Zürich 1994.

REITER-THEIL STELLA, *Autonomie des Patienten und ihre Grenzen*, in: AULBERT EBERHARD/NAUCK FRIEDEMANN/RADBRUCH LUKAS (Hg.), *Lehrbuch der Palliativmedizin*, Stuttgart 2008, 64–80.

RENDTORFF TRUTZ, *Menschenrechte als Bürgerrechte*. Protestantische Aspekte ihrer Begründung, in: BÖCKENFÖRDE ERNST WOLFGANG/SPAEMANN ROBERT (Hg.), *Menschenrechte und Menschenwürde*. Historische Voraussetzungen – säkulare Gestalt – christliches Verständnis, Stuttgart 1987, 93–118.

REUMSCHÜSSEL PETER, *Euthanasiepublikationen in Deutschland – Eine kritische Analyse als Beitrag zur Geschichte der Euthanasieverbrechen*. Diss. med., Greifswald 1968.

REUSSER KATHRIN, *Patientenwille und Sterbebeistand*. Eine zivilrechtliche Beurteilung der Patientenverfügung, Zürich 1994.

RICHTER H. E., *Euthanasia, Euthanasie, Todeslinderung*, in: SCHMIDT CARL CHRISTIAN (Hg.), *Encyklopädie der gesammten Medicin, im Vereine mit mehreren Aerzten*. Zweiter Band. C–F. Leipzig 1841, 363–367.

RIKLIN FRANZ, *Die strafrechtliche Regelung der Sterbehilfe*. Zum Stand der Reformdiskussion in der Schweiz, in: HOLDEREGGER ADRIAN (Hg.), *Das medizinisch assistierte Sterben*. Zur Sterbehilfe aus medizinischer, ethischer, juristischer und theologischer Sicht, Freiburg i. Ue. 1999, 328–350.

RITZENTHALER-SPIELMANN DANIELA, *Die Patientenverfügung als Kommunikations- und Entscheidungsinstrument*, in: Therapeutische Umschau. Ethik im ärztlichen Alltag Band 66, Heft 8, August 2009, Bern 2009, 585–589.

ROGLMEIER JULIA/LENZ NINA, *Die neue Patientenverfügung*. Patientenverfügung – Vorsorgevollmacht – Betreuungsverfügung, München 2009.

ROY DEBI/EIBACH ULRICH/RÖHRICH BERNHARD/NICKLAS-FAUST JEANNE/SCHAEFER KLAUS, *Wie denken eigentlich Patienten über Patientenverfügungen?* Ergebnisse einer prospektiven Studie, in: Zeitschrift für medizinische Ethik 48 (2002) 71–83.

RÜEGGER HEINZ, *Sterben in Würde?* Nachdenken über ein differenziertes Würdeverständnis, Zürich 2003.

RÜETSCHI DAVID, *Die Medizinisch-ethischen Richtlinien der SAMW aus juristischer Sicht*, in: Schweizerische Ärztezeitung 85 (2004) 1222–1225.

SALATHÉ MICHELLE, *Patientenverfügung – rechtliche Situation in der Schweiz*, in: Bull. Soc. Sci. Méd. 3 (2008) 379–384.

SALATHÉ MICHELLE, *Wie verbindlich ist eine Patientenverfügung?* – Rechtliche Situation in der Schweiz, in: palliative-ch (02/2009) 36–38.

SASS HANS-MARTIN, *Patientenverfügungen in philosophisch-ethischer Perspektive*. Zur Validität und Praktikabilität werteanamnestischer Betreuungsverfügungen. Vorsorgliche Selbstbestimmung im Blick auf das eigene Sterben? Anliegen und Probleme. Hg.: Evangelische Akademie Iserlohn, Tagesprotokoll 78/1998.

SAUNDERS CICELY, *Brücke in eine andere Welt*. Was hinter der Hospiz-Idee steht. Hg.: Christoph Hörl, Freiburg i. Br./Basel/Wien 1999.

SAUNDERS CICELY/BAINES MARY, *Leben mit dem Sterben*. Betreuung und medizinische Behandlung todkranker Menschen. Bern/Göttingen/Toronto 1991.

SCHADEWALDT HANS, *Euthanasie*. Eine medizinhistorische Einführung, in: HIERSCHE HANS-DIETER (Hg.), *Euthanasie*. Probleme der Sterbehilfe. Eine interdisziplinäre Stellungnahme, München 1975, 11–36.

SCHÄFER DAGMAR, *Patientenverfügungen*. Krank – aber entscheidungsfähig, Lage 2001.

SCHIBILSKY MICHAEL, *Ist die Würde des Sterbenden noch zu wahren?* Chancen und Grenzen der Institutionalisierung der Hospizbewegung, in: HIEMENZ THOMAS/KOTTNIK ROSWITHA (Hg.), *Chancen und Grenzen der Hospizbewegung.* Dokumentation zum 2. Ökumenischen Hospizkongress «Sich einlassen und loslassen» Würzburg 22.–24. Oktober 1999, Freiburg i.Br. 2000, 221–237.

SCHIPPERGES HEINRICH, *Zur psychischen und sozialen Situation des Sterbenden in historisches Sicht*, in: ESER ALBIN (Hg.), *Suizid und Euthanasie als human- und sozialwissenschaftliches Problem.* Medizin und Recht 1. Stuttgart 1976, 13–23.

SCHMUHL HANS-WALTER, *Rassenhygiene, Nationalsozialismus, Euthanasie.* Von der Verhütung zur Vernichtung «lebensunwerten» Lebens, 1890–1945, Göttingen ²1992.

Die neue Scofield Bibel mit Erklärungen. Die Heilige Schrift nach der deutschen Übersetzung D. Martin Luthers. C.I. Scofield, D.D. (Hg.), New York/ Oxford 1967.

SCHOCKENHOFF EBERHARD, *Ethik des Lebens.* Ein theologischer Grundriss, Mainz 1993.

SCHOCKENHOFF EBERHARD, *Im Laboratorium der Schöpfung.* Gentechnologie, Fortpflanzungsbiologie und Menschenwürde, Ostfildern 1991b.

SCHOCKENHOFF EBERHARD, *Sterbehilfe und Menschenwürde.* Begleitung zu einem «eigenen Tod», Regensburg 1991a.

SCHÖNE-SEIFERT BETTINA, *Ist Assistenz zum Sterben unärztlich?*, in: HOLDEREGGER ADRIAN (Hg.), *Das medizinisch assistierte Sterben.* Zur Sterbehilfe aus medizinischer, ethischer, juristischer und theologischer Sicht, Freiburg i. Ue. 1999, 98–119.

SCHOTT HEINZ, *Die Chronik der Medizin*, Dortmund 1993.

SCHWARZENEGGER CHRISTIAN/MANZONI PATRIK/STUDER DAVID/LEANZA CATIA, *Was die Schweizer Bevölkerung von Sterbehilfe und Suizidbeihilfe hält*. Medienkonferenz vom 2.9.2010. Hg.: Kriminologisches Institut der Universität Zürich, online unter www.rwi.uzh.ch/schwarzenegger.

SCHWEIZER RAINER J., *Art. 10. BV*, in: EHRENZELLER BERNHARD/SCHWEIZER RAINER J./ MASTRONARDI PHILIPPE/VALLENDER KLAUS A., *Die Schweizerische Bundesverfassung.* Kommentar, Zürich ²2008, 250–272.

SGPMPB SCHWEIZERISCHE GESELLSCHAFT FÜR PALLIATIVE MEDIZIN, PFLEGE UND BEGLEITUNG (Hg.), *Standards.* Grundsätze und Richtlinien für Palliative Medizin, Pflege und Begleitung in der Schweiz, März 2001, online unter www.palliative.ch/fileadmin/user_upload/palliative/fachwelt/E_Standards/E_9_1_ Standards_Palliative_Medizin_Pflege___Begleitung.pdf.

SEKRETARIAT DER DEUTSCHEN BISCHOFSKONFERENZ (Hg.), *Erklärung der Kongregation für die Glaubenslehre zur Euthanasie*, 5. Mai 1980, Bonn 1980.

SICARD EMILE, *L'impossible euthanasie.* Les médecins et le droit de tuer, in: Aesculape. Revue mensuelle illustrée. Médecine – Sciences, Lettres, Arts dans leurs rapports avec la Médecine. Table des matières Paris, November 1913, 256–260.

SIGERIST HENRY E., *Anfänge der Medizin.* Von der primitiven und archaischen Medizin bis zum Goldenen Zeitalter in Griechenland, Zürich 1963.

SIMON ELKE, *Euthanasie-Debatte an ausgewählten Beispielen im europäischen Vergleich*, in: KNIPPING CORNELIA (Hg.), *Lehrbuch Palliative Care*, Bern 2006, 564–575.

SLUIS I. VAN DER, *The Movement for Euthanasia 1875–1975*, in: Janus 66 (1979) 131–166.

SÖNDGEN IRENE, *Leben bis zuletzt – bewusst und begleitet sterben*. Erfahrungen und Empfehlungen einer Hospizmitarbeiterin, in: BAUMGARTNER KONRAD (Hg.), *Für ein Sterben in Würde*. Erfahrungen unter medizinisch-therapeutischen und theologisch-pastoralen Aspekten, München 1997, 108–123.

SPAEMANN ROBERT/FUCHS THOMAS, *Töten oder sterben lassen?* Worum es in der Euthanasiedebatte geht, Freiburg i. Br./Basel/Wien 1997.

The Spectator for the week ending Saturday March 18, London 1871, No. 2229. Topics of the Day Vol. 44, 314–315.

SPIEKER MANFRED, *Der verleugnete Rechtsstaat*. Anmerkungen zur Kultur des Todes in Europa, Paderborn 2005.

SPRENGEL KURT, *Institutiones Medicae*. Tom. VI, 1: Therapia Generalis. Leipzig/Altenburg 1816.

STEFFEN-BÜRGI BARBARA, *Reflexionen zu ausgewählten Definitionen der Palliative Care*, in: KNIPPING CORNELIA (Hg.), *Lehrbuch Palliative Care*, Bern 2006, 30–38.

STEFFEN GABRIELLE/GUILLOD OLIVIER, *Landesbericht Schweiz*, in: TAUPITZ JOCHEN (Hg.), *Zivilrechtliche Regelungen zur Absicherung der Patientenautonomie am Ende des Lebens – Eine internationale Dokumentation*, Berlin/Heidelberg 2000, 228–272.

STODDARD SANDOL, *Die Hospiz-Bewegung*. Ein anderer Umgang mit Sterbenden. Freiburg i. Br. 1987.

STUDENT JOHANN-CHRISTOPH, *Wie nützlich sind Patientenverfügungen?* Zur aktuellen Situation in der Patientenautonomie, in: Zeitschrift für Lebensrecht 13 (2004) Heft 4, 94–100.

SULLIVAN THOMAS D., *Active and passive Euthanasia*. An impertinent Distinction?, in: The Human Life Review 3 (1977) Nr. 3, 40–46.

TAG BRIGITTE, *Sterbehilfe – betrachtet im Lichte des Strafrechts*, in: WORBS FRANK (Hg.), *Ganz Mensch bis zum Tod*. Beiträge zum Umgang mit Sterben und Tod in der modernen Gesellschaft (Interdisziplinärer Kongress, am 12. und 13. September 2008, Aarau), Zürich 2009, 41–61.

TIEDEMANN PAUL, *Was ist Menschenwürde?* Eine Einführung, Darmstadt 2006.

TOLLEMACHE LIONEL A., *The New Cure for Incurables*, in: Fortnightly Review 13 (1873) 218–230.

TRECHSEL STEFAN, *Schweizerisches Strafgesetzbuch*. Kurzkommentar, Zürich 1997.

TUOR PETER/SCHNYDER BERNHARD, *Das schweizerische Zivilgesetzbuch*, Zürich 1975.

UHLENBRUCK WILHELM, *Selbstbestimmtes Sterben durch Patienten-Testament, Vorsorgevollmacht, Betreuungsverfügung*, Berlin 1997.

VERREL TORSTEN /SIMON ALFRED, *Patientenverfügungen*. Rechtliche und ethische Aspekte, in: Ethik in den Biowissenschaften – Sachstandsberichte des DRZE 11. Freiburg i. Br. 2010, 13–84.

Vetter Helmuth, *Der Schmerz und die Würde der Person*, Frankfurt a.M. 1980.

Vogel Samuel Gottlieb, *Allgemeine medicinisch-diagnostische Untersuchungen* zur Erweiterung und Vervollkommnung seines Kranken-Examens. Zweiter Theil, Stendal 1831.

Waldmann Bernhard/Schneider Danielle, «*Palliative Care*» *in der kantonalen Gesetzgebung*, Hg.: Institut für Föderalismus, Universität Freiburg i. Ue. 2009.

Wasner Maria, *Spiritualität und Soziale Arbeit*, in: Spiritualität und Medizin. Gemeinsame Sorge für den kranken Menschen. Eckhard Frick/Traugott Roser (Hg.), Stuttgart 2009, 244–250.

Weiher Erhard, *Spirituelle Begleitung in der palliativen Betreuung*, in: Knipping Cornelia (Hg.), *Lehrbuch Palliative Care*, Bern 2006, 438–453.

Weiher Erhard, *Spirituelle Begleitung in der Palliativmedizin*, in: Aulbert Eberhard/Nauck Friedemann/Radbruch Lukas (Hg.), *Lehrbuch der Palliativmedizin*, Stuttgart 2008, 1181–1205.

Weisung des Vorstehers des Gesundheits- und Umweltdepartementes an den Stadtrat Zürich vom 12. September 2000.

Weixler Dietmar, *Palliative Sedierung*, in: Knipping Cornelia (Hg.), *Lehrbuch Palliative Care*, Bern 2006, 576–587.

Wettstein Albert, *Gesetzliche Regelung der passiven Sterbehilfe. Ein Vorschlag aus geriatrischer Sicht*, in: Schweizerische Ärztezeitung 82 (2001) 716–722.

Wetz Franz Josef, *Die Würde des Menschen ist antastbar. Eine Provokation*, Stuttgart 1998.

Widmer Blum Carmen Ladina, *Urteilsunfähigkeit, Vertretung und Selbstbestimmung – insbesondere Patientenverfügung und Vorsorgeauftrag*, Zürich 2010.

Williams Samuel D. Jr., *Euthanasia*, in: Essays by Members of the Birmingham Speculative Club, London 1870, 210–237.

Winau Rolf, *Euthanasie – Wandlungen eines Begriffes*, in: Falck Ingeborg (Hg.), *Sterbebegleitung älterer Menschen – Ergebnisse einer Arbeitstagung der Deutschen Gesellschaft für Gerontologie im November 1979 in Berlin*, Berlin 1980, 7–19.

Wittern Renate, *Die Unterlassung ärztlicher Hilfeleistung in der griechischen Medizin der klassischen Zeit*, in: Münchener Medizinische Wochenschrift. 121 (1979), Nr. 21, 731–734.

Wozencroft O.M., *Euthanasy*, in: Pacific Medical and Surgical Journal, San Francisco 1874.

Wunderli Jürg, *Euthanasie oder über die Würde des Sterbens. Ein Beitrag zur Diskussion*, Stuttgart 1974.

Zimmermann-Acklin Markus, *Euthanasie. Eine theologisch-ethische Untersuchung*, Freiburg i. Ue. ²2002.

Zimmermann-Acklin Markus, *Sinn und Grenzen von Patientenverfügungen*, in: Worbs Frank (Hg.), *Ganz Mensch bis zum Tod*. Beiträge zum Umgang mit Sterben und Tod in der modernen Gesellschaft (Interdisziplinärer Kongress, 12. Und 13. September 2008, Aarau), Zürich 2009, 72–74.

Zirngibl Dino, *Die Patientenverfügung. So sorgen Sie für Notfälle richtig vor*, München 2008.

Literaturverzeichnis

ZWEITES VATIKANISCHES KONZIL, *Pastoralkonstitution* Gaudium et spes (7.12.1965) über die Kirche in der Welt von heute.

Abkürzungsverzeichnis

BAG	Bundesamt für Gesundheit
BBl	Bundesblätter
BGE	Entscheide des Schweizerischen Bundesgerichts
BGH	Deutscher Bundesgerichtshof
Bull. Soc. Sci. Méd.	Bulletin de la Societé des Sciences Médicales
BV	Schweizerische Bundesverfassung
EURELD/MELS-Studie	Medical End-of-Life Decisions in Six European Countries
EJPD	Eidgenössisches Justiz- und Polizeidepartement
GS	Zweites Vatikanisches Konzil: Pastoralkonstitution «Gaudium et spes» (7.12.1965)
Internist	Der Internist – Zeitschrift Medizin
KR	Kantonsrat
OR	Schweizerisches Obligationenrecht
palliative-ch	Zeitschrift der Schweizerischen Gesellschaft für Palliative Medizin, Pflege und Begleitung
PEG-Sonde	«Perkutane endoskopische Gastrostomie» – Magenzugang durch die Bauchdecke, um eine künstliche Ernährung über den Magen-Darm-Trakt zu ermöglichen
PrimaryCare	Schweizerische Zeitschrift für Hausarztmedizin
RR	Regierungsrat
SAMW	Schweizerische Akademie der Medizinischen Wissenschaften
SGPMPB	Schweizerische Gesellschaft für Palliative Medizin, Pflege und Begleitung
StGB	Schweizerisches Strafgesetzbuch
WHO	World Health Organization (Weltgesundheitsorganisation)
ZGB	Schweizerisches Zivilgesetzbuch
nZGB	neues Schweizerisches Zivilgesetzbuch
Z Palliativmedizin	Zeitschrift für Palliativmedizin

Anmerkungen

1   Vgl. Wittern (1979) 733 f.
2   Sigerist (1963) 722, zit. nach Benzenhöfer (2009) 33.
3   Vgl. Wittern (1979) 733.
4   In der Übersetzung von F. Kudlien, zit. nach Benzenhöfer (2009) 33 f.; vgl. Potthoff (1982) 44; Wittern (1979) 733.
5   Vgl. Benzenhöfer (2009) 34.
6   Wittern (1979) 733; Benzenhöfer (2009) 34; vgl. Husebø/Klaschik (1998) 3 über das Wesen der modernen Palliativmedizin: «Es ist die Einstellung gegenüber der Symptomkontrolle, die die Palliativmedizin von der klassischen Medizin unterscheidet. Die Befreiung oder Linderung von Symptomen wird zum alles überragenden Mittelpunkt der Therapie».
7   Vgl. Abrahamian/Bruns/Grünstäudl (2007) 30.
8   Vgl. Benzenhöfer (2009) 44, und Abrahamian/Bruns/Grünstäudl (2007) 31.
9   Benzenhöfer (2009) 46.
10   Schipperges (1976) 14.
11   Zimmermann-Acklin (2002) 35.
12   Vgl. Schmuhl (1992) 355.
13   Vgl. Zimmermann-Acklin (2002) 35.
14   Vgl. a. a. O. 38.
15   Vgl. Potthoff (1982) 25.
16   Vgl. Schmuhl (1992) 26 und Hoffmann (1969) 38.
17   Vgl. Winau (1980) 10.
18   Vgl. a. a. O. 12.
19   Vgl. a. a. O. 11.
20   Vgl. Schott (1993) 254. Heute wird Morphin nicht nur aus dem Mohnsaft, sondern auch aus Mohnstroh (ca. 40 %) gewonnen. Opium ist der eingetrocknete Milchsaft, der aus dem Schlafmohn gewonnen wird; vgl. Husebø/Klaschik (1998) 181.
21   Vgl. Schockenhoff (1991a) 51.
22   Vgl. Hoffmann (1969) 48 Anm. 1.
23   Marx (1827) 136.
24   Kieser (1819) 837.
25   Vogel (1831) 52.
26   Vgl. Sprengel (1816) 288.292.
27   Klohss (1835) 86.
28   Richter (1841) 364.
29   Vgl. Mayer (1982) 15.
30   Vgl. Abrahamian/Bruns/Grünstäudl (2007) 33.
31   Vgl. Mayer (1982) 15.
32   Schipperges (1976) 16.
33   Vgl. Mayer (1982) 15.
34   Vgl. Husebø/Klaschik (1998) 2.
35   Vgl. Zimmermann-Acklin (2002) 420.
36   Vgl. Pleschberger (2006) 24 f.
37   Stoddard (1987) 95.

38 A. a. O. 53.
39 Vgl. Hackmann (2000) 47.
40 Vgl. Kruse (2007) 227.
41 Für diese Auffassung spricht u. E., dass Cicely Saunders und ihre Mitautorin ihrem Einführungskapitel im Werk «Leben mit dem Sterben» den Ausspruch von Bacon als Motto vorangestellt haben: «Zu den Aufgaben des Arztes zähle ich nicht nur die Erhaltung der Gesundheit, sondern auch die Linderung von Schmerz und Qualen; und zwar nicht nur die Linderung, die zu einer Heilung führt, sondern auch die, die ein erträglicheres und leichteres Hinscheiden möglich macht»; vgl. Saunders/Baines (1991) 1.
42 Kruse (2007) 227; Abrahamian/Bruns/Grünstäudl (2007) 22. «Jeder Mensch, der ins Hospiz kommt,» so sagt Cicely Saunders, «ist ein Geschenk»; vgl. Saunders (1999), Nachwort 156.
43 Vgl. Pleschberger (2006) 25 f. Palliativmedizin ist in Grossbritannien ein eigenständiges Fachgebiet. Es gibt bereits sieben Lehrinstitute für Palliativmedizin, und alle Universitäten bieten Vorlesungen in diesem Fach an, vgl. Klaschik u. a. (2000) 606.
44 Vgl. Pleschberger (2006) 28.
45 Vgl. Arnold (2004) 35.
46 Vgl. Obermüller (2007) 65.
47 Vgl. Arnold (2004) 35. In stationären Hospizen werden Todkranke betreut, bei denen eine Behandlung im Akutkrankenhaus nicht nötig und eine Betreuung daheim nicht mehr möglich ist; ambulante Hospize sind Einrichtungen, die die Betreuung schwerkranker und sterbender Patienten und ihrer Angehörigen zuhause unterstützen; vgl. Abrahamian/Bruns/Grünstäudl (2007) 100 f.
48 In Arlesheim, Basel, La Chaux-de-Fonds, Lugano, Niederwil, Weinfelden und Zürich.
49 Vgl. Arnold (2004) 32.
50 Vgl. Zimmermann-Acklin (2002) 420 f.
51 Husebø/Klaschik (1998) 14.
52 Vgl. Abrahamian/Bruns/Grünstäudl (2007) 103; Husebø/Klaschik (1998) 14 f.; Lutterotti (2002) 166 f.
53 Vgl. Husebø/Klaschik (1998) 15.
54 Vgl. Kruse (2009) 228.
55 Klaschik/Sandgathe-Husebø (1996) 110.
56 Umschreibung von Heller (2003) 172.
57 Bericht Sterbehilfe (1999) 21.
58 Vgl. Burkart (1983) 45.
59 Vgl. Giger (2000) 206.
60 «Würde» leitet sich ab von «wert» (althochdeutsch *wird*). Im Althochdeutschen fungiert *wirdîg* bereits im Sinne von «der Ehrung wert»; vgl. Tiedemann (2006) 69.
61 Vgl. Wetz (1998) 14.
62 Vgl. Rüegger (2003) 23.
63 Vgl. Wetz (1998) 20.
64 Vgl. a. a. O. 21. Die Idee, dass alle Menschen unvergleichliche Würde haben, kommt sehr schön zum Ausdruck u. a. in Aussprüchen von Tho-

mas von Aquin: «Würde steht für sich und gehört zum Wesen» und «Person scheint der Name der Würde zu sein»; a. a. O. 24.25.

65 Eibach (1980) 34.

66 Vgl. Herdegen (2009) 9.

67 Vgl. Wetz (1998) 34. So der italienische Humanist Pico della Mirandola, der in seinem Werk «De hominis dignitate» von 1486 die Würde des Menschen durch seine Freiheit vermittelt sieht. Der Mensch ist Gott darin gleich, dass auch er für sein Leben ein «creator ex nihilo» sein kann, denn «er ist nicht durch einen vorgegebenen Schöpfungsplan determiniert, sondern kann sein Leben selbst planen und gestalten, so wie ein Bildhauer seine Skulptur oder ein Dichter sein Sonett gestaltet»; vgl. Tiedemann (2006) 60.

68 Vgl. Rüegger (2003) 24.

69 Wetz (1998) 34; Pascal (1978) 167; vgl. Pascal (1925) 164: «Toute notre dignité consiste donc en la pensée».

70 Vgl. Tiedemann (2006) 61. Kant war Anhänger eines politischen Liberalismus; vgl. Wetz 1998 (46).

71 Vgl. Bruch (1998) 32.

72 Vgl. a. a. O. 33; Kant (1968) Bd. IV, 434: «Im Reiche der Zwecke hat alles entweder einen Preis, oder eine Würde. Was einen Preis hat, an dessen Stelle kann auch etwas anderes als Äquivalent gesetzt werden; was dagegen über allen Preis erhaben ist, mithin kein Äquivalent verstattet, das hat eine Würde».

73 Vgl. Phil. Bibl. Bd. 41 (1965) 50.

74 A. a. O. 51.

75 A. a. O. 52.

76 Kant (1968) Bd. IV, 435.

77 Kant (1968) Bd. VI, 397.

78 Vgl. Rüegger (2003) 25.

79 Phil. Bibl. Bd. 41 (1965) 60.

80 Vgl. Rüegger (2003) 25 f. Kant (1968) Bd. VI, 463: «Andere verachten (contemnere), d. i. ihnen die dem Menschen überhaupt schuldige Achtung weigern, ist auf alle Fälle pflichtwidrig; denn es sind Menschen».

81 Vgl. Wetz (1998) 15.

82 Vgl. Rüegger (2003) 26.

83 Vgl. Wetz (1998) 46 f.

84 Vgl. Spieker (2005) 86.

85 Zimmermann-Acklin (2002) 161 f. Schockenhoff (1991b) 16 weist darauf hin, dass der «inflationäre Gebrauch» dem Begriff Menschenwürde nicht nur im alltagsgebräuchlichen Kontext seine klaren Konturen verwische.

86 Vgl. Zimmermann-Acklin (2002) 162 f. Der Philosoph Dieter Birnbacher, der ebenfalls von der Mehrdeutigkeit im Begriff Menschenwürde ausgeht, besteht auf der Unterscheidung zwischen den Prinzipien der Heiligkeit des Lebens und der Menschenwürde; er ist der Meinung, dass z. B. der Suizid unvereinbar ist mit dem Prinzip der Heiligkeit des Lebens, wohl aber durchaus vereinbar mit dem Prinzip der Menschenwürde.

87 Vgl. Tiedemann (2006) 119.

88 Vgl. a. a. O. 51.58 f. Während das autonomische Konzept den Fokus auf die Fähigkeit des Menschen richtet, überhaupt einen eigenen Willen zu bilden, beruht der heteronomische Würdebegriff auf einem Menschenbild,

das wesentlich geprägt ist durch die Bindung an ein vorgegebenes Gesetz und den Lebenssinn darin sieht, den eigenen Willen an diesem Gesetz zu orientieren.

89 Vgl. a. a. O. 43.

90 Vgl. Gröschner (1995) 34.

91 Vgl. Tiedemann (2006) 55.

92 Vgl. GS Nr. 29 und Nr. 34.

93 Vgl. Tiedemann (2006) 55.

94 GS Nr. 16.

95 Vgl. Tiedemann (2006) 56; GS Nr. 17.

96 Vgl. Rentdorff (1987) 104–107.

97 Vgl. Eibach (1998) 59; so auch Jüngel (1997) 21 f.

98 Müller (2002) 267 f.: «Die Würde des Menschen muss als unverfügbar anerkannt werden, weil sie allen Eigenschaften, Fähigkeiten, Lebensstadien als einheitsstiftender Grund vorausliegt. Der Mensch ist nicht die Summe seiner Eigenschaften, sondern ein Zentrum, mit dem sich unterschiedliche Eigenschaften verbinden. Definierte sich der Mensch nur von bestimmten psychischen Eigenschaften oder biologisch feststellbaren Merkmalen her, dann wäre er der Herrschaft der Definitionen anderer ausgeliefert. Es wäre die Diktatur des machthungrigen Ideologen, des wahnwitzigen Menschenzüchters, des kleingeistigen Volkserziehers. Wer diese Konsequenzen nicht will, muss auch die Voraussetzungen dazu negieren. Eine Ethik der Menschenwürde kann nicht auf der Teilung der Grundprinzipien aufbauen oder ihre Anwendung von Fall zu Fall in Rechnung stellen. […] «Jeder Mensch ist von vornherein und immer Person. Er wird nicht durch Zuschreibung zur Person gemacht. Ebenso wenig konstituiert er sich durch eigene Leistung als Person. Es gibt den Anspruch auf die Grundrechte des Lebens, die jedem Menschen zustehen, einfach nur weil er Mensch ist. Ein Menschsein ohne die ihm eigenen Personenrechte ist eine in der Natur nicht vorkommende Möglichkeit. Sie entstünde nur durch Beraubung, d. h. durch Instrumentalisierung des Menschen. Diese sind nicht abhängig von seiner biologischen Lebensphase, intellektuellen Begabung, Funktionalität im Wirtschaftsgetriebe, seiner Tauglichkeit fürs Militär, seinem Glauben oder seiner Weltanschauung.»

99 Vgl. Spieker (2005) 146 f.

100 Vgl. Böhr (2004) 25. Ebd. 24: «Nicht zuletzt die Ideologien des 20. Jahrhunderts haben versucht, die Würde eines Menschen abhängig zu machen von seiner Zugehörigkeit zu einer Rasse oder einer Klasse. Die verheerenden Folgen stehen uns heute vor Augen. So wie Rasse und Klasse keine Einschränkung der menschlichen Würde begründen können, gilt dies ausnahmslos auch für andere Eigenschaften, Fähigkeiten und Merkmale eines Menschen: seine Hinfälligkeit und seine Lebenskraft, seine Schönheit und seine Hässlichkeit, Reichtum und Armut, Jugend und Alter, Krankheit und Gesundheit, Dummheit und Klugheit bleiben ohne Einfluss auf die Bestimmung der menschlichen Würde. Solche Eigenschaften sind niemals Einschränkungen oder Weiterungen der Würde eines Menschen. Das ist der Grund, warum wir von der ‹Heiligkeit› des menschlichen Lebens sprechen».

101 Vgl. Eibach (1998) 60 f.

102 Vgl. Rüegger (2003) 26.

103 Vgl. Wetz (1998) 51.
104 Vgl. Abrahamian/Bruns/Grünstäudl (2007) 46.
105 Vgl. Tiedemann (2006) 13.
106 A. a. O. 17.22.
107 Vgl. Spieker (2005) 85.
108 Vgl. Tiedemann (2006) 30.
109 Vgl. Mastronardi (2008) 165 f.
110 Vgl. a. a. O. 175.
111 Vgl. a. a. O. 168.
112 Vgl. a. a. O. 172.
113 Vgl. Klie/Student (2007) 28.
114 Vgl. Söndgen (1997) 8. Matthias Mettner (2000) 211 nennt die grösste
    Angst des Menschen vor dem Sterben «die Angst vor Pflegeabhängigkeit,
    die Angst den Angehörigen und Pflegenden nur noch zur Last zu fallen.
    Studien haben gezeigt, dass diese Angst noch vor der Angst vor Schmer-
    zen im Sterbeprozess rangiert.»
115 Nuland (2007) 210.
116 Vgl. Schockenhoff (1991a) 108.
117 Vgl. Porchet-Munro/Stolba/Waldmann (2006) 13.14. Vor 100 Jahren gab
    es offenbar verhältnismässig wenige schlimme Schmerz- und Angstzu-
    stände beim Sterbenden. Sicard (1913) 260 verweist auf den damals
    bekanntesten Mediziner im englischsprachigen Raum, den Kanadier Sir
    William Osler (1849–1919). Osler führt in seinem Essay «Science and
    Immortality» aus, dass unter 500 Sterbenden 90 unter körperlichen
    Schmerzen litten, 11 Ängste zeigten, 2 in einen schlimmen Schreckens-
    zustand verfielen, einer in höchste geistige Aufregung geriet und einer
    von bitteren Gewissensbissen geplagt wurde, alle übrigen Sterbenden hät-
    ten indessen keine besonderen Zeichen von sich gegeben.
118 Vgl. Porchet-Munro/Stolba/Waldmann (2006) 14.
119 Vgl. Arnold (2004) 34 f.
120 Vgl. Burkart (1983) 39 f.
121 Die Absichtserklärung der Volksinitiative «Recht auf Leben» lautet:
    «Was die vorliegende Initiative bezweckt, ist gerade die Statuierung der
    menschlichen Würde als fundamentaler Massstab jeglichen staatlichen
    Handelns. So erklärt sich auch, warum man eine beim ersten Blick so
    extrem tönende Formulierung für den Geltungsbereich des Schutzes des
    menschlichen Lebens gewählt hat: wenn das Recht auf Leben wieder voll
    glaubwürdig gemacht werden soll, so ist es nötig, dass dessen Schutz
    bereits beim ungeborenen Kind und auch noch beim Sterbenden gewährt
    sei. Jede Unterscheidung nach Alter, Gesundheitszustand, Rasse oder
    nach wirtschaftlichen Gesichtspunkten wäre – abgesehen vom Fehlen
    jeglicher philosophischen oder wissenschaftlichen Haltbarkeit – schlecht-
    hin willkürlich und würde alle Bestrebungen für eine Humanisierung
    unserer Welt zunichte machen» [BBl. 1983 Bd. II, 5 f., zit. bei Heine (1991)
    637]. «Recht auf Leben» wurde in der Abstimmung durch Volk und
    Stände vom 9.6.1985 mit 1 002 245 Nein zu 450 752 Ja verworfen (NZZ
    vom 10. Juni 1985, 206. Jahrgang. Nr. 131, 1). U. E. wurde die Initiative
    nicht wegen des Aspektes der Verbesserung der Situation des alten, kran-
    ken und sterbenden Menschen abgelehnt – dieser Teil war vielmehr
    unbestritten –, sondern (wir folgen der Meinung der EVP) deshalb, weil

bei der Volksabstimmung die Abtreibungsfrage dominant war. Die CVP sah den Grund der Ablehnung darin, dass «es den Gegnern der Initiative gelungen sei, mit ihren pauschalen Vorwürfen und Behauptungen zur Empfängnisverhütung durchzudringen» (a.a.O. 18).

122 Vgl. Arnold (2004) 42.
123 Hirtenschreiben (2006) 3 f.
124 Kirchenrat (2000) 6 f.
125 Vgl. Arnold (2004) 40 f.
126 Vgl. Chochinov u. a. (2002) 2027 f. Brida von Castelberg, Chefärztin an der Frauenklinik des Triemli-Spitals Zürich, weist in einem Interview aus Sicht ihrer 33-jährigen ärztlichen Tätigkeit darauf hin, dass die Angst vor dem Sterben und Leiden grösser sei als die Angst vor dem Tod: «Dies müsste nicht sein. Drei meiner liebsten Menschen habe ich dank palliativer Pflege und ausreichend Medikamenten friedlich und angstfrei sterben sehen. [...] Persönlich bin ich froh, wenn sich die palliative Medizin und Pflege weiterhin verbessern und damit der Wunsch nach Sterbehilfe auch in Zukunft nicht an mich herangetragen wird»; in: Die Zeit vom 26. August 2010. Nr. 35, 11.
127 Schockenhoff (1991a) 109.
128 Vgl. Standards SGPMPB (2001) 2.
129 Vgl. Steffen-Bürgi (2006) 33 f. Kruse (2007) 221 weist darauf hin, dass Palliation verstanden werden kann als das «Legen eines Mantels um den Patienten», und zwar mit dem Ziel, diesen im letzten Lebensabschnitt soweit wie möglich vor belastenden Krankheitssymptomen, vor allem vor Schmerzen zu schützen.
130 Vgl. Heller (2000) 12.
131 Vgl. Steffen-Bürgi (2006) 31.
132 Vgl. a.a.O. 31.33.
133 EJPD (2006) 26; Nationale Strategie (2009) 70.
134 EJPD (2006) 26. Die Definition des Bundesamts für Gesundheit lautet: «Palliative Care verbessert die Lebensqualität von Menschen mit unheilbaren, lebensbedrohlichen und chronisch fortschreitenden Krankheiten. Sie umfasst medizinische Behandlungen, pflegerische Interventionen sowie psychische, soziale und spirituelle Unterstützung in der letzten Lebensphase»; vgl. Nationale Strategie (2009) 20.
135 Medizinisch-ethische Richtlinien (2006) 3.
136 Vgl. Medizinisch-ethische Richtlinien (2006) 2 Anm. 3.
137 Vgl. Heller/Knipping (2006) 40.
138 Vgl. a.a.O. 39.
139 Porchet-Munro/Stolba/Waldmann (2006) 28. Nach dem Palliativmediziner Dr. Roland Kunz umfasst Palliative Care Haltung und Fachdisziplin. Er verweist auf die neuen Richtlinien Palliative Care, deren Ziel es ist, «vor allem zu einer Haltung zu ermutigen, welche die Grenzen der Medizin anerkennt und sich dem Sterben des Patienten und dem häufig anklingenden Gefühl der Hilflosigkeit stellt»; vgl. Kunz (o.J.), Anhang, 2.
140 Vgl. Heller/Knipping (2006) 42.
141 Vgl. Müller/Kern (2008) 83.
142 Vgl. Heller/Knipping (2006) 45.
143 Abrahamian/Bruns/Grünstäudl (2007) 88.
144 Vgl. Nauck/Jaspers/Zernikow (2006) 223.

145 Vgl. Saunders/Baines (1999) 52. Die folgenden Ausführungen über das Konzept *Total Pain* stützen sich auf Saunders/Baines (1999) 52–67.
146 Vgl. Porchet-Munro/Stolba/Waldmann (2006) 16.
147 Vgl. Saunders/Baines (1991) 16. Eine Reihe von Bildern, von Patientinnen und Patienten des St. Christopher's Hospice gemalt, illustriert auf äusserst anschauliche Weise, wie der Schmerz von den Sterbepatienten empfunden wird. In Abbildung 2 drückte eine Patientin (Mrs. E. S.) das Gefühl aus, nicht besser dran zu sein als ein baufälliges Gebäude, das der Abbruchbirne ausgeliefert ist, die ihr gnadenlos Schlag auf Schlag versetzt; vgl. Saunders/Baines (1991) 15 f.
148 Vgl. Husebø/Klaschik (1998) 153.
149 Vgl. Knipping (2006) 167.
150 Lenz (1998) 13.
151 Vgl. a. a. O. 14.
152 A. a. O. 11 f.; Knipping (2006) 167 f. weist im Rahmen ihrer Ausführungen über das Schmerzverständnis von Lenz darauf hin, dass sein Essay «Über den Schmerz» weit über Themen wie Schmerzdefinition, Schmerzklassifikation, Schmerzassessment und Schmerztheorie hinausgeht.
153 Bachmann (2000) 11.
154 A. a. O. 145.
155 Engel/Hoffmann (2003) 17.
156 Büche (2010) 98.
157 Vgl. Knipping (2002) 74.
158 McCaffery u. a. (1997) 12. Der amerikanische Medizinethiker Daniel Callahan weist hinsichtlich des subjektiven Schmerzempfindens auf eine Sterbehilfekonferenz in den Niederlanden hin, an der festgehalten wurde, dass es keine objektiven Beurteilungsmassstäbe darüber gebe, ob die Leiden und Schmerzen eines Patienten unerträglich seien oder nicht; vgl. Callahan (1992) 53.
159 Vgl. Knipping (2002) 74; vgl. McCaffery u. a. (1997) 12.
160 Vgl. Saunders/Baines (1991) 36.
161 Vgl. Knipping (2002) 73.
162 Vgl. Kruse (2007) 229.
163 Vgl. Kunz (2006) 226 f. und 227 unter Hinweis auf die Studien von B. A. Ferrell: Pain Management in Elderly People. J. Am. Geriatr. Soc. 39 (1991) 64–73 und F. Landi u. a.: Pain Management in Frail, Community-Living Elderly Patients. Arch. Intern. Med. 161 (2001) 2721–2724.
164 Vgl. Knipping (2006) 73.
165 McCaffery (1997) Geleitwort, V.
166 Vgl. Knipping (2002) 76.
167 Vgl. Kunz (2006) 229 f.
168 Vgl. Knipping (2002) 78.
169 Vgl. a. a. O. 83.
170 Vgl. Finzen (2009) 97.
171 Vgl. Pleschberger (2006) 25 f.
172 Vgl. Baumgartner (2004) 9. Heute reicht eine medikamentöse Therapie bei mehr als 90 % der Krebspatienten in einem fortgeschrittenen Stadium zur Schmerzkontrolle aus; vgl. Albrecht (1987) 163.
173 Vgl. Nauck/Radbruch (2008) 198.
174 Vgl. Kunz (2000) 170 f.

175 Vgl. Porchet-Munro//Stolba/Waldmann (2006) 38 f.

176 Vgl. ebd..

177 Vgl. Husebø/Klaschik (1998) 175.

178 Vgl. Nauck/Jaspers/Zernikow (2006) 202.

179 Vgl. Steffen-Bürgi (2006) 33

180 Vgl. Clemens u. a. (2005) 12. «Die Befreiung oder Linderung von Symptomen wird zum alles überragenden Mittelpunkt der Therapie» (ebd.).

181 Vgl. Porchet-Munro/Stolba/Waldmann (2006) 42.

182 Vgl. Kruse (2007) 223: Übersicht über die Symptome nach ihrer Häufigkeit; Porchet-Munro/Stolba/Waldmann (2006) 42.

183 Vgl. Glaus (2002) 60 f. Das Konzept «Fatigue» hat viele Gesichter und viele Formen. Eine differenzierte, multidimensionale Erhebung erscheint elementar für die Wahl einer gezielten Intervention (ebd.70).

184 Vgl. Nauck/Jaspers/Zernikow (2006) 222. Dyspnoe ist ein subjektives Empfinden von Atemnot; sie kann sich zu einer akut bedrohlichen Situation entwickeln und mit Todesangst verbunden sein; vgl. Graf (2006) 324. Das terminale Rasseln ist von der Dyspnoe abzugrenzen. Es entsteht durch das Oszillieren von angesammeltem Sekret in Hypopharynx und Trachea; vgl. Graf (2006) 325.

185 Vgl. Müller-Mundt/Schaeffer (2002) 221.

186 Vgl. Steffen-Bürgi (2006) 33; vgl. Müller-Mundt/Schaeffer (2002) 219 ff.

187 Müller-Busch (2004) 110.

188 Vgl. a. a. O. 107; Weixler (2006) 577; Abrahamian/Bruns/Grünständl (2007) 78.

189 Vgl. Medizinisch-ethische Richtlinien (2006) 15.

190 Vgl. Bosshard/Materstvedt (2009) 31. Die drei Tiefen der Sedation werden von Alexander De Graeff von der Universität Utrecht und Dean Mervin vom Palliative Care-Departement des Western Memorial Regional Hospitals Newfoundland, Kanada, definiert und beschrieben; vgl. De Graeff u. a. (2007) 73 f.

191 In der Palliativmedizin kann eine milde Sedierung therapeutisch eingesetzt werden, die den Wachheitszustand des Patienten oder seine Fähigkeit zur Kommunikation nicht wesentlich beeinträchtigt; vgl. Müller-Busch (2004) 108.

192 Vgl. Medizinisch-ethische Richtlinien (2006) 15.

193 Vgl. Bosshard/Materstvedt (2009) 31.

194 Vgl. Broeckaert u. a. (2008) 6.

195 Vgl. Beauverd (2008) 20.

196 Vgl. Broeckaert u. a. (2008) 6.

197 Vgl. Radbruch/Nauck (2008) 1031.

198 Vgl. Weixler (2006) 579.

199 Klie/Student (2007) 133 f.

200 Vgl. Bosshard/Masterstvedt (2009) 31.

201 Vgl. Vetter (1980) 59.

202 Vgl. Radbruch/Nauck (2008) 1030.

203 Vgl. Weixler (2006) 582.

204 Vgl. Radbruch/Nauck (2008) 1030.

205 Vgl. Weixler (2006) 577.

206 Vgl. a. a. O. 585 f. Demnach ist es zwingend, ein Sedierungsprotokoll zur Dokumentation zu erstellen, um die notwendige Klarheit und Transparenz zu schaffen.

207 Kern (2008) 970. Die Wiederherstellung und Erhaltung von Lebensqualität richtet sich, gemäss Kern, ausschliesslich nach den Bedürfnissen des Patienten und seiner Familie.

208 Vgl. a. a. O. 961.

209 Vgl. Pleschberger (2002) 33.

210 Vgl. Kern (2008) 961.

211 Vgl. Käppeli (2006) 119 f.

212 Vgl. Geiselmann/Neumann (2008) 862.

213 Vgl. Kern (2008) 969.

214 Vgl. Nauck/Jaspers/Zernikow (2006) 223.

215 Vgl. Kern (2008) 962 f.

216 Vgl. Augustyn/Kern (2006) 972 ff.

217 Vgl. Kern (2008) 966 f.

218 Vgl. Körtner (2009) 26.

219 Vgl. Weiher (2006) 438.

220 A. a. O. 439.

221 Vgl. a. a. O. 438.

222 Vgl. Weiher (2008) 1197.

223 Vgl. a. a. O. 1197 f.

224 Vgl. a. a. O. 1198 f.

225 Vgl. Weiher (2008) 1200.

226 Vgl. Weiher (2006) 448.

227 Weiher (2008) 1193.

228 Vgl. ebd.; vgl. auch Hagen/Frick (2009) 268 f.

229 Vgl. a. a. O. 1193–1195.

230 Vgl. a. a. O. 1195 f.

231 Zimmermann-Acklin (2002) 421.

232 Abschlussbericht 1. Projektjahr zur Vernetzung der kirchlichen Seelsorge mit den regionalen Strukturen der Palliative Care zu den Versorgungskontexten Spitex, Hausarztpraxen, Spitäler, Langzeitpflegebereich und Freiwilligenarbeit aus den Regionen Schams-Avers-Rheinwald und Heinzenberg-Domleschg» vom Januar 2011.

233 Vgl. Sonntags-Zeitung vom 18. Juli 2010, 4.

234 Vgl. Bericht Sterbehilfe (1999) 26.

235 Vgl. EJPD (2006) 26–29.

236 Vgl. Waldmann/Schneider (2009).

237 Vgl. Nationale Strategie. Zusammenfassung (2009) 1 und 2.

238 Vgl. Nationale Strategie. Kurzversion (veröffentlicht: Februar 2010).

239 Vgl. BAG, online unter http://www.bag.admin.ch/themen/medizin/06082/index.html?lang=de.

240 Vgl. Palliative Care 2009. Eine Studie im Auftrag des BAG, 29. März 2010.

241 Vgl. Politfocus Gesundheitspolitik Nr. 3. April 2010.

242 Vgl. Bericht der grossrätlichen Kommission zur Vorberatung der Volksinitiative «Ja zu mehr Lebensqualität – Ja zur Palliative Care!» (Geschäftsnummer 08/VI 2/44) vom 19. Februar 2009, 8–10.

243 § 30 Abs. 1 des Patientinnen- und Patientengesetzes des Kantons Zürich vom 5.4.2004 räumt Sterbenden ein Anrecht auf angemessene Behandlung und Begleitung ein. Den Angehörigen und Bezugspersonen wird gemäss Abs. 2 dieser Bestimmung eine würdevolle Sterbebegleitung und ein würdevolles Abschiednehmen von der verstorbenen Person ermöglicht. Den Initianten der thurgauischen Volksinitiative schien es wichtig, die drei Bereiche einer umfassenden Palliative Care (medizinisch, pflegerisch, begleitend) und nicht allein die Sterbenden, sondern auch die unheilbar Schwerstkranken ausdrücklich in den Initiativtext aufzunehmen.

244 Das Palliative Care Thurgau Umsetzungsprojekt wurde Ende Februar 2011 publiziert und kann beim Gesundheitsamt des Kantons Thurgau bezogen werden. Eine Arbeitsgruppe hat einen «Organisatorischen Leitfaden zur Einführung von Palliative Care an der medizinischen Klinik des Kantonsspitals Frauenfeld» erstellt, der seit Ende März 2011 zur Verfügung steht.

245 Die folgenden Ausführungen stützen sich auf das von der Spital Thurgau AG herausgegebene Papier «Pressekonferenz Palliative Care Konzept Kanton Thurgau 18. November 2010».

246 Vgl. Reusser (1994) 8 und Lack (2006) 588.

247 Vgl. Benzenhöfer/Hack-Molitor (2009) 411.413; Benzenhöfer (2009) 142. 142 Anm. 54.

248 Vgl. Eisenbart (2000) 32.

249 Vgl. ebd.: Es handelte sich lediglich um instruktive Anweisungen (*instructional directives*) ohne bindende rechtliche Wirkung.

250 Vgl. Benzenhöfer (2009) 143.

251 Vgl. Eisenbart (2000) 36.

252 Vgl. Bockenheimer-Lucius (2005) 169.

253 Vgl. Albrecht-Balić (2008) 46.

254 Die von Uhlenbruck gewählte und 1978 erstmals vorgestellte Formulierung eines Patiententestaments ist für ihn keineswegs zwingend. Sie lautet: «Ich erkläre hiermit, nachdem ich mich über die medizinische Situation und die rechtliche Bedeutung eines Aufklärungsverzichts eingehend informiert habe, daß ich meine Einwilligung zu lebensverlängernden ärztlichen Maßnahmen verweigere, wenn bei einer unausweichlich in absehbarer Zeit zum Tode führenden Krankheit die vitalen Funktionen des zentralen Nervensystems, der Atmung, der Herzaktion und des Kreislaufs offensichtlich schwer beeinträchtigt sind und der fortschreitende allgemeine Verfall nicht aufzuhalten ist oder nicht beherrschbare Infektionen vorliegen. Diese Anordnung gilt vor allem für die Fälle irreversibler Bewußtlosigkeit und wahrscheinlicher schwerer Dauerschädigung des Gehirns sowie des dauernden Ausfalls lebenswichtiger Funktionen meines Körpers. Hierzu gehört auch der Zustand des Wachkomas, wenn nach ärztlicher Einschätzung nicht damit gerechnet werden kann, daß ich je wieder ein umweltbezogenes Leben werde führen können. Ich verweigere hiermit ausdrücklich für diese Fälle die Zustimmung zur Durchführung irgendwie gearteter diagnostischer Maßnahmen oder ärztlicher Eingriffe, vor allem, wenn sie mit Schmerzen verbunden sind. Dabei kommt es nicht darauf an, ob ich nach ärztlicher Auffassung keine Schmerzen erleide. Der Arzt soll in diesen Fällen seine Behandlung auf die Linderung

von Schmerz, Angst und Unruhe sowie auf menschliche Betreuung beschränken, selbst wenn durch diese Maßnahmen eine Lebensverkürzung nicht ausgeschlossen werden kann»; vgl. Uhlenbruck (1997) 306f.

255 Vgl. Eisenbart (2000) 39.

256 Vgl. a. a. O. 38–41.

257 Bundesärztekammer (1998) 2367.

258 Vgl. Bundesärztekammer (1993) 1628ff.

259 Vgl. Albrecht-Balić (2008) 47ff.

260 Vgl. Roglmeier/Lenz (2009), Vorwort.

261 Vgl. Heine (1991) 605–608.

262 Vgl. a. a. O. 600.642–645: Aus demselben Jahr 1983 stammen das «Patiententestament der Medizinischen Gesellschaft Basel» und die «Patientenverfügung der Gesellschaft für Sterbehilfe EXIT».

263 Vgl. Fernando (2007) 23.

264 Vgl. Verrel/Simon (2010) 14.

265 Überlegungen zu den Themen Sterben und Tod, wie sie beim Erarbeiten einer Patientenverfügung nötig sind, empfinden viele Menschen als unangenehm, und sie möchten ihnen so lange wie möglich ausweichen, «weil sie uns an die Finalität unserer Existenz erinnern, weil sie uns zeigen, dass unserem menschlichem Planen, Machen, Sichern Grenzen gesetzt sind, die wir nicht überschreiten können»; vgl. Sass (1998) 49.

266 Gutheil/Roth (2010) 11.

267 Vgl. Botschaft Erwachsenenschutzrecht (2006) 7001f. und Widmer Blum (2010) 7f.

268 Entsprechende Formulierungen sind dann «Will keine Apparatemedizin»; «Ich will nicht an den Schläuchen hängen» oder «Man soll mich in Würde sterben lassen», vgl. Lack (2006) 589.

269 Damit macht der Verfügende vermutlich unbewusst eine Äusserung über seine persönliche Lebenseinstellung und seine Werte in Bezug auf Lebensqualität, Krankheit, Sterben und Tod; vgl. ebd.

270 Ebd.

271 Fernando (2007) 24.

272 Vgl. v. a. zu «Drittens» Lack (2006) 589.590.

273 The Lancet, Vol. 361 (2003) 343–350.

274 Vgl. Bosshard u. a. (2005) 799f. Georg Bosshard hat diese Klarstellung hinsichtlich der Zahlen im Lancet und im Primary Care freundlicherweise in einem E-Mail vom 24. Mai 2011 gegenüber den Autoren festgehalten. Vgl. EJPD (2006) 18 Anm. 36.

275 Vgl. Ritzenthaler-Spielmann (2009) 585.

276 Aus der Qualifikation der Einwilligung als Ausübung eines relativ höchstpersönlichen Rechts ergibt sich die grundsätzliche Zulässigkeit der Vertretung der urteilsunfähigen Person im Zusammenhang mit medizinischen Angelegenheiten. Bei einer vertretungsweisen Einwilligung muss jedoch stets eine medizinische Indikation vorliegen; vgl. Widmer Blum (2010) 87f.

277 Vgl. Salathé (2009) 36.

278 Vgl. Ritzenthaler-Spielmann (2009) 585. Vgl. Richtlinien (2009) 4: «Ist es dem Patienten nicht mehr möglich, seinen Willen zu äussern, muss sein mutmasslicher Wille eruiert werden». Folgende kantonale Gesundheitsgesetze weisen auf den mutmasslichen Willen des urteilsunfähigen Pati-

enten hin: § 21 Abs. 2 Patientinnen- und Patientengesetz des Kantons Zürich vom 5.4.2004; § 33b Abs. 2 Gesetz des Kantons Thurgau vom 5.6.1985 über das Gesundheitswesen; § 35 Abs. 3 Gesundheitsgesetz des Kantons Solothurn vom 27.1.1999; Art. 30c Gesundheitsgesetz des Kantons Schaffhausen vom 19.10.1970 u. a. m.

279 Vgl. Roglmeier/Lenz (2009) 13.

280 Vgl. Fernando (2007) 25.

281 Widmer Blum (2010) 9.16.

282 Vgl. a. a. O. 14 f. und Ganner (2005) 71.

283 Vgl. Widmer Blum (2010) 14 f. Nach Giger (2000) 145 geniesst die aus dem Selbstbestimmungsrecht resultierende Entscheidungsfreiheit eines Individuums grundsätzlich einen in der ganzen Rechtsordnung weitgestreuten Rechtsschutz und «kulminiert» im Wesentlichen in den Bestimmungen der Art. 27 und 28 ZGB, die zentral den eigentlichen Persönlichkeitsschutz gewährleisten.

284 Salathé (2008) 380; vgl. Botschaft Erwachsenenschutzrecht (2006) 7030.

285 Vgl. Steffen/Guillod (2000) 240.

286 Bei den höchstpersönlichen Rechten werden *absolut* höchstpersönliche Rechte und *relativ* höchstpersönliche Rechte unterschieden. Die absolut höchstpersönlichen Rechte sind allgemein und ausnahmslos vertretungsfeindlich, d. h. bei Urteilsunfähigkeit der betroffenen Person können sie nicht ausgeübt werden. Relativ höchstpersönlich sind dagegen diejenigen Rechte, die einer Vertretung im Ausnahmefall – nämlich bei Urteilsunfähigkeit der betroffenen Person – zuträglich sind; vgl. Widmer Blum (2010) 50.

287 Vgl. a. a. O. 84. Art. 16 ZGB umschreibt die Urteilsfähigkeit negativ: «Urteilsfähig im Sinne dieses Gesetzes ist ein jeder, dem nicht wegen seines Kindesalters oder infolge von Geisteskrankheit, Geistesschwäche, Trunkenheit oder ähnlichen Zuständen die Fähigkeit mangelt, vernunftgemäss zu handeln.»

288 Vgl. Ritzenthaler-Spielmann (2009) 585.

289 Vgl. Widmer Blum (2010) 9.

290 Vgl. Schweizer (2008) 253 f.

291 Nach bundesgerichtlicher Rechtsprechung (BGE 133 I 119 E. 5. 2; 127 I 12).

292 Vgl. BGE 131 III 66; 123 I 118.

293 Schweizer (2008) 254; vgl. Widmer Blum (2010) 12 f. Das Recht auf Selbstbestimmung lässt sich u. a. auf Art. 10 Abs. 2 BV stützen, der lautet: «Jeder Mensch hat das Recht auf persönliche Freiheit, insbesondere auf körperliche und geistige Unversehrtheit und auf Bewegungsfreiheit»; vgl. Widmer Blum (2010) 14.

294 Vgl. Müller (1999) 61.

295 Vgl. Schweizer (2008) 260 f.

296 Vgl. Widmer Blum (2010) 14. Ganner (2005) 5 formuliert den Zusammenhang zwischen Selbstbestimmung und Menschenwürde so: «Selbstbestimmung ist sowohl rechtlich als auch faktisch stark mit der Würde der Person verbunden. Die Würde stellt dabei im Vergleich zur Selbstbestimmung den umfassenderen Begriff dar, weil das Recht auf Würde auch dann noch uneingeschränkt zu gewährleisten ist, wenn die Selbstbestimmungsfähigkeit nicht mehr (voll) gegeben ist oder die Selbstbestimmung

aus anderen Gründen eingeschränkt wird (z. B. Strafrecht). Insofern ist Selbstbestimmung nur ein Teil der Würde, für deren individuellen und persönlichen Charakter sie aber die Grundlage darstellt.»

297 Vgl. Widmer Blum (2010) 172; Botschaft Erwachsenenschutzrecht (2006) 7030.

298 Vgl. Salathé (2009) 36.

299 Rechtsstellung der Patienten und Patientinnen der kantonalen Spitäler (Patientenverordnung) in Art. 20 Abs. 3: «Ein in urteilsfähigem Zustand zum Voraus geäusserter Wille wird respektiert, wenn er neueren Datums und klar dokumentiert ist und keine Anhaltspunkte dafür bestehen, dass er sich inzwischen geändert hat.»

300 Art. 21 Abs. 2: «Hat die Gesundheitsfachperson Kenntnis davon, dass die im voraus formulierten Bestimmungen des Patienten nicht mehr seinem jetzigen Willen entsprechen oder besteht ein Interessenkonflikt zwischen dem Patienten und der Person, die er gemäss Artikel 20 Abs. 2 dieses Gesetzes bezeichnet hat, so hat sie die Zustimmung der Vormundschaftsbehörde einzuholen [...]»

301 Vgl. Widmer Blum (2010) 94 f.

302 Einige Kantone räumen in ihren Gesundheitsgesetzen nahen Angehörigen das Recht ein, für die urteilsunfähige Person die Zustimmung zu einer medizinischen Massnahme zu erteilen (z. B. Jura, TI, NE), in anderen Kantonen (z. B. AG, BE, LU) wird die Entscheidungsbefugnis dem Arzt (mit Einbezug der Angehörigen) eingeräumt. Im Kanton Basel-Stadt muss in einer solchen Situation die Vormundschaftsbehörde tätig werden: § 13 Abs. 3 der «Verordnung zum Spitalgesetz» des Regierungsrats des Kantons Basel-Stadt lautet: «Ist der Patient nicht urteilsfähig, so bedarf er für Eingriffe mit gewissen Risiken der Einwilligung des gesetzlichen Vertreters. Fehlt eine solche, so soll die Vormundschaftsbehörde um Bestellung eines Beistandes ersucht werden. Ist dies nicht tunlich oder innert nützlicher Frist nicht möglich, so sind der mutmassliche Wille des Patienten und die Meinung des bzw. der nächsten Angehörigen in Betracht zu ziehen».

303 Vgl. Salathé (2009) 36. Vgl. Artikel 9 – «Zu einem früheren Zeitpunkt genannte Wünsche» des «Übereinkommens zum Schutz der Menschenrechte und der Menschenwürde im Hinblick auf die Anwendung von Biologie und Medizin. Übereinkommen über Menschenrechte und Biomedizin» vom 4.4.1997: «Kann ein Patient im Zeitpunkt der medizinischen Intervention seinen Willen nicht äussern, so sind die Wünsche zu berücksichtigen, die er früher im Hinblick auf eine solche Intervention geäussert hat.»

304 Vgl. Medizinisch-ethische Richtlinien (2009) 3 und 4.

305 Vgl. Bericht Sterbehilfe (1999) 15; EJPD Gutachten (1998) 1–15.

306 Vgl. Salathé (2009) 37.

307 BGE 123 I 128. Vgl. Rüetschi (2004) 1223.

308 Vgl. Schwarzenegger (2010) 14.

309 Vgl. Harringer/Hoby (2009) 303; vgl. Aemissegger (2009) 17.

310 Vgl. Reiter-Theil (2008) 79.

311 Vgl. Zirngibl (2008) 6.

312 Vgl. Benzenhöfer (2009) 189.

313 Vgl. Zirngibl (2010) 36–45.

314 Vgl. Gutheil/Roth (2010) 24 f. und Student (2004) 95.

315 Vgl. Zirngibl (2008) 30 ff. Hierzu sei noch angemerkt: Die grundsätzliche Befürwortung einer Patientenverfügung wird von keiner der beiden grossen Konfessionen in Deutschland in Frage gestellt. Das Kirchenamt der evangelischen Kirche und das Sekretariat der Deutschen Bischofskonferenz haben sogar ein gemeinsames Formular für eine Patientenverfügung herausgegeben.

316 Vgl. Ritzenthaler-Spielmann (2009) 585.

317 Roy u. a. (2002) 83.

318 Vgl. Eidenschink (2009) 18–21.

319 Vgl. Benzenhöfer (2009) 152.

320 A. a. O. 153.

321 A. a. O. 185 f.186 Anm. 32.

322 Dörner (1996) 94.

323 Viele Menschen haben Angst vor einer «Übertherapierung», wenn ihr Zustand hoffnungslos sein sollte, vgl. Ritzenthaler-Spielmann (2009) 585. Derartige sinnlose und erschreckende «Überbehandlungen» sind insbesondere Ende der 1960er Jahre in Grossbritannien bekannt geworden; an ihrer Veröffentlichung war die britische Voluntary Euthanasia Legalisation Society, deren Ziel die Legalisierung der aktiven Sterbehilfe war, nicht unmassgeblich beteiligt. Van der Sluis (1979) 166 weist insbesondere darauf hin, dass diese Gesellschaft einen Vorstoss eines Mitglieds des britischen Oberhauses für die Erlaubtheit der aktiven Sterbehilfe unterstützt habe.

324 Eine korrekt verfasste Patientenverfügung kann sehr wohl ein nützliches Instrumentarium dafür bieten, um den oft unter dem Deckmantel der Wahrung von Autonomie und Menschenwürde des Schwerstkranken erhobenen Forderungen nach Legalisierung der aktiven Sterbehilfe im Sinne eines Gegengewichts und einer ethisch verantwortbaren Alternative entgegenzutreten. Es ist bei der Forderung nach Legalisierung der aktiven Sterbehilfe zu bedenken, dass in den Niederlanden rund eintausend Todesfälle pro Jahr auf «nichtfreiwillige Euthanasie» (ohne explizite Einwilligung des Patienten z. B. bei Bewusstlosen) zurückzuführen sind; vgl. Benzenhöfer (2009) 170.

325 Vgl. Lack (2006) 588. Mit Simon (2006) 570 f. sei in diesem Zusammenhang auf die nach der gesetzlichen Zulassung der aktiven Sterbehilfe freizügigere Praxis in den Niederlanden und deren Folgen hingewiesen: «Nach anfänglicher Begeisterung der niederländischen Bevölkerung als einziges Land ehrlich mit diesem heiklen Thema umzugehen und sich in der Gewissheit zu wiegen, im Zweifelsfall die Euthanasie-Lösung in Anspruch nehmen zu können, gibt es mittlerweile immer mehr Niederländer, die eine Credo-Card bei sich tragen, auf der steht, dass ihr Leben nicht vorzeitig beendet werden soll. Dort ist – ins Deutsche übersetzt – zu lesen: ‹Eine medizinische Behandlung darf bei mir nicht aus dem Grund abgebrochen werden, weil die zu erwartende Lebensqualität vermindert sein könnte, denn das ist etwas, was niemand wirklich beurteilen kann. Ich verwehre mich gegen jede lebensbeendende Handlung, denn niemand hat das Recht, Menschen zu töten.›»

326 Z. B. der ehemalige Richter am Bundesgerichtshof Klaus Kutzer, der Philosoph Jan Peter Beckmann und Hermann Barth, Vizepräsident im Kir-

chenamt der EKD. Vgl. Eidenschink (2009) 105 f.; auch Zimmermann-Acklin (2009) 72, der die Einrichtung Patientenverfügung grundsätzlich für sinnvoll und aus ethischer Sicht für begrüssenswert hält.

327 Vgl. Eidenschink (2009) 105 f. Stephan Sahm hat in einer empirischen Studie zur Verbreitung und Akzeptanz von Patientenverfügungen sogar nachgewiesen, dass eine gesetzliche Regelung angesichts der momentanen Geringschätzung in der Bevölkerung und der Furcht vor Missbrauch eher kontraproduktiv wirken könnte; in: Sahm, Stephan, Sterbebegleitung und Patientenverfügung. Ärztliches Handeln an den Grenzen von Ethik und Recht, Frankfurt a. M. 2006, 185 f.

328 Vgl. Eidenschink (2009) 106.

329 Vgl. Verrel/Simon (2010) 82 f.

330 Vgl. Bavastro (2003) 10.

331 Vgl. Verrel/Simon (2010) 83.

332 Vgl. Däubler-Gmelin (2003) 164.

333 A. a. O. 169.

334 Benzenhöfer (2009) 198.

335 Verrel/Simon (2010) 51.

336 Vgl. Lack (2008) 419 f.

337 Vgl. Dettwiler (2010) 8. Die wohl kürzeste Form einer Patientenverfügung nennt Pfarrer Werner Gutheil. Auf seine Frage hin, wie er einmal sterben und bestattet werden möchte, habe ihm sein Vater geantwortet: «Ich will daheim sterben» und «Mach's so, wie's üblich ist»; vgl. Gutheil/Roth (2010) 8.

338 Vgl. a. a. O. 8 f.

339 Vgl. Zirngibl (2008) 57.

340 Medizinisch-ethische Grundsätze (2005) 10.

341 Die Patientenverfügung Spital TG AG wurde erarbeitet vom Ethikforum Kantonsspital Münsterlingen unter der Leitung von Lisbeth Brücker, Leiterin der Sozialdienste am Kantonsspital Münsterlingen und Ethikerin.

342 Vgl. Salathé (2009) 36.

343 Vgl. Botschaft Erwachsenenschutzrecht (2006) 7008.

344 Vgl. Arter (2007) 657.

345 Medienmitteilung des EJPD vom 28.6.2006.

346 Vgl. Arter (2007) 658.

347 Vgl. Widmer Blum (2010) 271 f.

348 Vgl. a. a. O. 273.

349 Vgl. Arter (2007) 658.

350 Art. 394 ff. OR. Vgl. Arter (2007) 658 f.

351 Vgl. Widmer Blum (2010) 121.

352 Vgl. Arter (2007) 659.

353 Vgl. Widmer Blum (2010) 155.

354 Vgl. ebd.; vgl. Arter (2007) 660.

355 Vgl. Widmer Blum (2010) 156.

356 Vgl. Arter (2007) 660.

357 Vgl. ebd.

358 Vgl. Botschaft Erwachsenenschutzrecht (2006) 7032 f.

359 Widmer Blum (2010) 172 f.

360 Vgl. Widmer Blum (2010) 173.

361 Vgl. Benzenhöfer (2009) 9.

362 Vgl. Schöne-Seifert (1999) 99.
363 Vgl. Petermann (2005) 4
364 Vgl. Rehberg/Schmid (1994) 13.
365 Vgl. Petermann (2005) 10.
366 Vgl. Benzenhöfer (2009) 9.
367 Vgl. Wunderli (1974) 23.128, und Haemmerli (1976) 60.
368 Vgl. Petermann (2005) 5 und Giger (2000) 163.
369 Vgl. Spaemann/Fuchs (1997) 67 f.
370 Vgl. Trechsel (1997) N 11 zu vor Art. 111 und N 1 zu Art. 114 StGB.
371 Vgl. Spaemann/Fuchs (1997) 86; Petermann (2005) 11.
372 Vgl. Spaemann/Fuchs (1997) 86 f. und Riklin (1999) 335.
373 Vgl. Bericht Sterbehilfe (1999) 13.
374 Vgl. Juristentag (1986) M 104 f. (Votum Markus von Lutterotti).
375 Vgl. Petermann (2005) 8. Die indirekte aktive Sterbehilfe wird in der Literatur überwiegend als ethisch verantwortbar erachtet. So weist beispielsweise Benzenhöfer (1999) 206, darauf hin, dass der Arzt – in den Grenzen der medizinischen Kunst und mit Zustimmung des Patienten – bei der Schmerzlinderung das Risiko eingehen darf, den Tod (als unbeabsichtigte Nebenfolge) zu beschleunigen (indirekte Sterbehilfe), und dass nur dadurch eine gute Palliativmedizin erst möglich werde.
376 Vgl. Van der Sluis (1979) 131.
377 Vgl. Williams (1870) 212; Benzenhöfer (2009) 134; Fye (1978) 498; Zimmermann-Acklin (2002) 48.
378 Vgl. Williams (1870) 214.217; Zimmermann-Acklin (2002) 48 Anm. 119.
379 Vgl. Williams (1870) 213.
380 Vgl. Ezekiel (1994) 801 Anm. 25.
381 Vgl. Spectator (1871) 314.
382 Vgl. Benzenhöfer (2009) 134.
383 Vgl. Tollemache (1873) 220.
384 Vgl. Zimmermann-Acklin (2002) 49 und Anm. 120. Der Passus bei Tollemache (1873) 27, lautet: «And, in a somewhat similar spirit, modern science informs us that in an overcrowded population there is a sharp struggle for existence; so that an unhealthy, unhappy und useless man is in a manner hustling out of being, or at least out of the means of enjoyment, some one who would probably be happier, healthier, and more useful than himself».
385 Vgl. Benzenhöfer (2009) 134.
386 Vgl. Newman (1873) 240 f.
387 Vgl. Reporter (1873) 122 f.
388 Vgl. Wozencroft (1874) 501.
389 Vgl. Zimmermann-Acklin (2002) 53; vgl. Fye (1978) 499 f.
390 Vgl. Reporter (1879) 479 f. und Benzenhöfer (2009) 138 f.
391 Vgl. Boston Journal (1884) 19 f., die abgedruckte Übersetzung: Benzenhöfer (2009) 139.
392 Vgl. Zimmermann-Acklin (2002) 53 f.
393 Benzenhöfer (2009) 139.
394 Zimmermann-Acklin (2002) 53 Anm. 141.
395 Spaemann/Fuchs (1997) 67. Vgl. EJPD (2006) 18.
396 Vgl. Kautzky (1975) 29 f.
397 Vgl. Gunzinger (1978) 143 f.

398 Vgl. Burkart (1983) 66.
399 Vgl. Gunzinger (1978) 68 f.
400 Vgl. Intorp (2003) 66.
401 Vgl. Spaemann/Fuchs (1997) 67 f.
402 Vgl. Gunzinger (1978) 143.
403 Vgl. Spaemann/Fuchs (1997) 68 und Callahan (1992) 53.
404 Vgl. Probst (1998) 1 f.
405 Vgl. Moor (1973) 40.62.
406 Erklärung zur Euthanasie (1980) 12.
407 Textsammlung (2003) 11.
408 Barth (1951) 488.
409 Vgl. Wettstein (2001) 718.
410 Vgl. Geth (2010) 27 und Ritzenthaler-Spielmann (2009) 585.
411 Vgl. Intorp (2004) 66.
412 Vgl. Fuchs/Lauter (1997) 106 f. Die Unterscheidung zwischen «Töten» (aktive Sterbehilfe) und «Sterbenlassen» (passive Sterbehilfe) ist nicht identisch mit derjenigen von «moralisch verwerflichem» und «moralisch nicht verwerflichem» Handeln. Dies deshalb, weil es auch Formen des Sterbenlassens gibt, die ausgesprochen verwerflich sind, so z.B. wenn ein Arzt einem akut schwerkranken Patienten nicht hilft, obwohl er ihn durch eine Behandlungsmassnahme vor dem Tode retten könnte, oder wenn eine Mutter ihr Baby verhungern lässt. Beides hat mit passiver Sterbehilfe nichts zu tun, im ersten Fall handelt es sich um «unterlassene Hilfeleistung» und im zweiten Fall um eine «Tötung durch Unterlassung»; vgl. Spaemann/Fuchs (1997) 68 f.
413 Vgl. Spaemann/Fuchs (1997) 72.78.
414 Vgl. a.a.O. 67 f.
415 Vgl. Sullivan (1977) 43 f.
416 Vgl. Spaemann/Fuchs (1997) 79.81.
417 Vgl. Geth (2010) 13.
418 Vgl. Motionsbeantwortung RR (2006) 3 und 4.
419 Vgl. Wettstein (2001) 716.
420 Vgl. Botschaft RR (2009) 4.
421 Vgl. a.a.O. 2.
422 Vgl. Protokoll der Sitzung der vorberatenden Kommission des Grossen Rats des Kantons Thurgau vom 7. Mai 2009, 14 f.
423 Vgl. Hilgendorf (2010) 144.
424 Vgl. EJPD (2006) 2.
425 Vgl. Geth (2010) 138 f.
426 Tag (2008) 56.
427 Vgl. Hangartner (2000) 77.
428 Vgl. Geth (2010) 139.
429 Diese und die folgenden Ausführungen stützen sich im Wesentlichen auf Gesang (2001) 162.
430 Vgl. Protokoll der Verhandlungen des Grossen Rats des Kantons Thurgau vom 9. September 2009, 5.
431 Vgl. Botschaft RR (2009) 5.

Spital Thurgau AG

Patientenverfügung
Ihr Wille ist uns wichtig

Ethikforum

Meine persönliche Verfügung und Vollmacht

Name
_____

Vorname
_____

Geburtsdatum
_____

Wohnadresse/Strasse
_____

PLZ/Wohnort
_____

Sollte ich von einer ernsthaften gesundheitlichen Störung betroffen sein, beanspruche ich alle sinnvollen ärztlichen und pflegerischen Massnahmen, die zur Besserung meines Zustandes und zur Linderung belastender Symptome nötig sind.

Für den Fall, dass ich nicht mehr in der Lage sein sollte, in einer lebensbedrohlichen Situation oder am Lebensende selbst eine **Entscheidung zu medizinischen Massnahmen** zu treffen, erkläre ich hier im Vollbesitz meiner geistigen Kräfte und meiner Urteilsfähigkeit meinen Willen:

→ Ich wünsche die Unterlassung aller medizinischen Massnahmen zur Verlängerung meines Lebens, falls die elementaren Lebensfunktionen, insbesondere das Gehirn so schwer geschädigt sind, dass eine Besserung zu einem menschenwürdigen Dasein nicht mehr erwartet wird oder der Zustand von sich aus zum Tode führen würde. Damit sind unter anderem ausdrücklich Wiederbelebungsversuche, künstliche Beatmung, Nierenersatzverfahren (Dialyse), Kreislaufunterstützung und die künstliche Ernährung gemeint.

→ Ich wünsche ein menschenwürdiges Sterben und bitte das Behandlungsteam, mir dabei begleitend beizustehen. In jedem Fall wünsche ich, dass alles unternommen wird, um belastende Symptome wie Schmerzen, Angst, Unruhe, Atemnot und Durst zu lindern.

→ Die von mir bezeichneten Vertretungspersonen [hier Seite 170] setzen sich dafür ein, dass mein Wille respektiert wird. Ich bitte die behandelnden Ärzte/Ärztinnen und Pflegepersonen sich mit ihnen zu besprechen, falls lebenswichtige Entscheide zu treffen sind. Ich entbinde das Behandlungsteam gegenüber diesen Personen vom Berufsgeheimnis.

☐ Ich wünsche eine seelsorgerische Betreuung.
Meine Religions-/Konfessionszugehörigkeit:

Diese Verfügung kann jederzeit angepasst werden. Grundsätzlich ist die Verbindlichkeit Ihrer Patientenverfügung nicht befristet. Hingegen empfiehlt sich das Überprüfen, Datieren und Unterschreiben in regelmässigen Abständen. Bei Diagnose einer schweren Krankheit, vor einer grossen Operation oder eingreifenden Behandlungen ist eine Besinnung und Neuunterzeichnung ebenfalls sehr empfehlenswert.

Ort, Datum _____

Unterschrift _____

Persönliche Wünsche und Gedanken zum Leben

_____

_____

_____

_____

_____

_____

_____

_____

_____

_____

_____

Vertretungspersonen

Name, Vorname

Strasse

PLZ/Wohnort

Telefon/Mobil

Datum

Unterschrift

Name, Vorname

Strasse

PLZ/Wohnort

Telefon/Mobil

Datum

Unterschrift

Erneuerung

Ort, Datum

Unterschrift

Ort, Datum

Unterschrift

Ort, Datum

Unterschrift

Ort, Datum

Unterschrift

Kopien der Verfügung sind bei

_____

_____

_____

_____

Nach meinem Tod

Autopsie/Obduktion

Zur Feststellung der Todesursache und zur Überprüfung der medizinischen Therapie (Qualitätssicherung)

☐ Ich erlaube die Autopsie/Obduktion meines Körpers.

☐ Ich erlaube die Autopsie/Obduktion meines Körpers nicht.

Organspende

Freigabe von Organen nach dem Tode zur Verpflanzung in einen anderen Menschen

☐ Ich erlaube die Entnahme jeglicher geeigneter Organe zur Transplantation.

☐ Ich erlaube die Entnahme meiner Organe zur Transplantation mit Ausnahme folgender Organe:

_____

_____

☐ Ich erlaube die Entnahme meiner Organe zur Transplantation nicht.

Ort, Datum _____

Unterschrift _____

Bitte besprechen Sie diese Verfügung mit den verantwortlichen Ärzten und/oder dem Pflegefachpersonal im Spital/Heim.

Hinterlegen Sie zudem eine Kopie bei Ihrem Hausarzt und Ihren Vertretungspersonen.

Grundlagen
Schweizerische Akademie der Medizinischen Wissenschaften (SAMW):
- Rechte der Patientinnen und Patienten auf Selbstbestimmung, 2005, Medizinethische Grundsätze
- Patientenverfügungen, 2009, Medizinethische Richtlinien und Empfehlungen

Kanton Thurgau:
- Gesetz über das Gesundheitswesen (1985)
- Verordnung des Regierungsrates über die Rechtsstellung der Patienten und Patientinnen (2004)

Bitte die Karte
im Portemonnaie aufbewahren!

Kantonsspital Frauenfeld
Ethikforum
Postfach 8501
Frauenfeld
Telefon 052 723 77 11

Kantonsspital Münsterlingen
Ethikforum
Postfach 8596
Münsterlingen
Telefon 071 686 11 11

www.stgag.ch

Eine Patientenverfügung ist vorhanden

Vorname

Name

Geburtsdatum

Wohnort

Vertretungsperson

Adresse

Telefon

Patientenverfügung und Vollmacht

Spital Thurgau AG

Patientenverfügung
und Vollmacht

Auszüge aus dem Merkblatt zur Patientenverfügung

Was ist und kann eine Patientenverfügung?

Eine PV ist eine Willensäusserung. In ihr äussern Sie sich dazu,

- ☐ ob Sie eine seelsorgerische Betreuung wünschen.
- ☐ welche medizinischen Massnahmen am Lebensende nicht mehr ergriffen werden sollen oder welche aus bestimmten Gründen erwünscht wären.
- ☐ welche Vertretungspersonen darauf achten sollen, dass Ihr Wille respektiert wird.
- ☐ ob nach Ihrem Tod eine Autopsie/Obduktion (Feststellung der Todesursache) an Ihrem Leichnam durchgeführt werden darf. Eine zwingende Ausnahme ist die Autopsie im so genannten «aussergewöhnlichen Todesfall» aus gerichtsmedizinischen Gründen.
- ☐ ob Sie in die Entnahme von Organen zu Transplantationszwecken einwilligen.

Eine PV dient nicht dazu,

- ☐ uneingeschränkt medizinische Therapien einzufordern.
- ☐ eine Beihilfe zum Freitod einzufordern.
- ☐ materielle Fragen zu regeln. Dies muss mit einem Testament gemacht werden.

Wie können Sie eine Patientenverfügung verfassen und aufbewahren?

Die Patientenverfügung ist in der Regel das Produkt eines langen Willensbildungs- und Entscheidungsweges. Sie können Ihren Willen handschriftlich festhalten und unterschreiben, eine Beglaubigung ist nicht notwendig. Zu Ihrer Hilfe haben wir und verschiedene Organisationen vorgedruckte Patientenverfügungen erstellt, deren Systematik das Ausfüllen erleichtert. Diese können zum Teil bei der jeweiligen Organisation hinterlegt werden. Ansonsten empfehlen wir die Aufbewahrung des Originals daheim sowie Kopien bei der Vertretungsperson und beim Hausarzt.

Wann soll eine Patientenverfügung erstellt werden?

Eine Patientenverfügung kann jederzeit verfasst werden, und die Verbindlichkeit ist grundsätzlich nicht befristet. Ihr Wille kann sich jedoch im Laufe der Zeit ändern. Deshalb sollten Sie die Patientenverfügung regelmässig überprüfen und wo nötig anpassen. Diese Überprüfung kann vor allem dann wichtig sein, wenn sich Ihr Gesundheitszustand verändert oder wenn bei Ihnen eine neue Krankheit diagnostiziert wird.

Das vollständige Merkblatt ist im Internet online unter
http://www.stgag.ch/fileadmin/user_upload/inhalt/download/pdf/
service_a-z/patientenverfuegung_merkblatt_091016.pdf verfügbar.